Prévenir l'islamophobie
et
la fanatisation islamiste

Recueil de textes

Elie SAAD

Prévenir l'islamophobie et la fanatisation islamiste

Recueil de textes

© 2017, Elie Saad
Paris 2017

Edition : BoD - Books on Demand
12/14 rond-point des Champs Elysées, 75008 Paris
Imprimé par Books on Demand GmbH, Norderstedt, Allemagne
ISBN : 9782322100057
Dépôt légal : novembre 2017

A tous les défenseurs de nos libertés et en premier lieu aux journalistes dont la mort tragique nous oblige à ne pas commettre par notre silence un second assassinat.

OBJECTIF ET METHODE

Prévenir l'islamophobie et la fanatisation religieuse ?

Notre objectif est double : enrayer l'islamophobie c'est-à-dire la peur de l'islam, et prévenir la fanatisation religieuse appelée à tort « radicalisation » tout en donnant un éclairage plus concret du fait religieux en le liant à l'actualité.

Tout d'abord, l'islamophobie ne se confond pas avec la haine de l'islam ou le désaccord avec cette religion. La peur relève d'une couche plus profonde que celle de la haine dans la sphère des sentiments. Elle l'alimente et déforme la réalité en balayant toute nuance entre musulman et islamiste, entre celui qui veut suivre des préceptes religieux et celui qui a un projet politique au nom de l'islam, entre celui qui vit dans le respect de la laïcité et celui qui refuse tout cadre laïque... Elle paralyse l'analyse et empêche de voir que tout n'est pas bien, que tout n'est pas mauvais et que tout n'est pas acceptable non plus…

Le fanatisme religieux possède son anticorps dans un référentiel qui tient compte de l'existence du fait religieux dans la société. Une laïcité exclusive et antireligieuse ne pourra donc pas faire face à ce processus, car elle relève du choix raisonné et du consensus social voulu tandis que le fanatisme réveille des ressentis qui échappent à la volonté et à la raison. De ce point de vue, on peut comprendre les difficultés voire l'échec des « plans d'anti-radicalisation » et de lutte contre l'islamophobie en partant *a priori* de la notion de laïcité. Celle-ci se situe donc comme un cadre choisi pour garantir la liberté d'expression et le pluralisme des idées et non comme un couvercle sur la pensée refusant tout ce qu'elle n'avait pas préconçu. Une laïcité qui ignore le fait religieux confond Dieu avec l'intégrisme religieux et ne distingue pas son véritable adversaire : Dieu ou ses faux-amis.

Face au fanatisme religieux islamiste et aux peurs qu'il peut susciter, notre secours vient de l'approche scientifique de la vérité. Les sciences d'aujourd'hui définissent l'approche de la vérité, y compris scientifique, comme la recherche d'une cohérence systémique. Plus un système est cohérent en lui-même, plus il est véridique. La multiplicité des référentiels permet la coexistence de plusieurs systèmes cohérents. Dans le référentiel religieux, la raison n'est donc pas mise de côté. Au contraire, elle opère comme catalyseur de cohérence ou révélateur d'incohérence à l'intérieur du même système. C'est par ce biais-là que l'on arrivera à un vaccin efficace et à une action efficiente contre l'islamophobie et le fanatisme.

Dans ce recueil, le choix des textes met en jeu la recherche de cohérence à l'intérieur de l'islam. Les textes parlent de situations liées à l'actualité où l'on voit réagir des musulmans, et montrent la possibilité d'avoir des anticorps contre le fanatisme islamique. Ils révèlent d'autres aspects que la peur occulte, tels que l'acceptation de la modernité et de la laïcité. Les autres religions, habituées à garder la croyance dans la sphère privée, ne sont pas à l'abri du fanatisme, mais le phénomène n'a pas la même ampleur aujourd'hui qu'avec les projets politiques des islamistes et leur montée rapide en réseaux très actifs partout dans le monde. Ce recueil s'adresse donc à tous, croyants ou non-croyants, du moment que l'islamophobie et la fanatisation font débat.

Un regroupement de ces textes en deux parties permet d'aborder l'islamophobie, la dérive fanatique et la violence d'une part, et de situer, d'autre part, le fait religieux en éclairant d'autres côtés de l'islam, marqués par le dialogue et le refus de la violence.

Ces textes sont tirés de différents livres. Pour leur exploitation pédagogique, nous proposons le titre **Prévention de l'islamophobie et de la fanatisation islamiste (radicalisation)** avec le sous-titre **Textes éducatifs sur le thème de « La laïcité et l'expression des croyances religieuses »**.

Alors bonne lecture !

Référence des textes :

Textes tirés et adaptés des livres suivants :

Entre les deux rives, Amalthée, 2009

360° sous le soleil d'Allah, 2017

Rives et dérives, en préparation.

AVANT-PROPOS

Perdre une guerre à cause de son nom, est-ce possible ?

Pierre Claverie définissait le dialogue ainsi : ***«Le dialogue ne consiste pas à échanger des informations, mais à poser à l'autre et à se poser à soi, des questions radicales.»*** Pour rester cohérent avec cette définition, parlons donc de radicalisation, de la recherche de la radicalité !

On nous parle de jeunes « radicalisés ».

Or, ils ne sont pas seulement à la dérive mais « en dérive » fanatique avec le désespoir comme seul horizon ! Car, ils ne se laissent pas emporter par n'importe quel vent ou courant… Mais en état permanent de dérive puisqu'ils le veulent !

Ils sont complétement perdus. Sans port pour s'attacher. Sans rive pour accoster. Sans phare pour se diriger. Car, endoctrinés, ils ne veulent plus de nos ports. Aveuglés, ils ne voient plus nos phares… Et malheureusement, ils s'isolent, s'enferment, passent et coulent.

Vies définitivement perdues ? Réelle incertitude face à l'échec du curatif. Mais malheureusement certains « radicalisés » font sombrer par leur barbarie tant d'autres existences… Et nous assistons impuissants à la folie qui nous surprend par la cruauté et l'horreur des drames qu'elle provoque sous nos yeux. Folie dont nous tentons de nous protéger par des blocs de béton, à défaut d'une véritable prévention…

Racine, radical, radicalisé, radicalité, radicalisation…, tous ces mots viennent du latin *radix* qui signifie fondement, base. Or, le sens souvent donné à cette famille de mots s'éloigne de l'étymologie.

Quand on manque de mots pour dire le basculement dans le fanatisme religieux, est-ce une raison suffisante pour détourner le sens d'un mot ? Et je vois déjà une confusion qui peut rendre fascinantes les dérives fanatiques en les appelant à tort « radicalisation »...

Dans cette appellation erronée savons-nous qui seraient, au final, les enracinés et les sans racines ? Les engagés dans la vie sociale et ceux qui la méprisent ? Les porteurs de fausses promesses et les semeurs d'espérance ? Les dispensateurs des vérités à tout venant et les humbles chercheurs de cohérence dans leurs idées et entre leurs paroles et leurs actes ?

Le seul enracinement est celui qui se fait dans la vie pour la rendre plus joyeuse, plus juste, plus paisible, plus vivable, plus fraternelle, plus intense, plus belle, plus créative, plus artistique, plus humaine, plus solidaire, plus riche en humanité plurielle…

Et la radicalité, c'est la mise en question de ce qui parasite l'élan de vie. Elle ne s'oppose pas à la vie. Elle est de la nature de la vie et son outil aussi ! Car, les fausses greffes, la vie les rejette. Les mal-enracinés, la vie les dessèche. Les incohérents, la vie les balaye. Les fausses promesses, la vie les dissipe au vent.

Par le questionnement profond, le pourquoi du pourquoi, la radicalité taille dans les idées, dans les promesses et dans les pratiques afin de renforcer la vie et la révéler encore plus belle et plus savoureuse. Mais la dérive fanatique est une illusion d'idées bâtie sur la haine, le mépris et le complexe de supériorité. Elle ne mène pas à la vie car elle la refuse ! Elle isole ses victimes et elle les conduit à la perdition et à la mort.

L'application aveugle d'une loi et la pratique mécanique des devoirs religieux ne sont pas une radicalisation mais une superficialisation de la religion et une épidermisation de la réflexion. Car la loi et la pratique religieuses ne sont pas leurs propres principes, mais s'enracinent chacune dans une autre réalité.

Oui ! Ce sont les principes qui permettent à la loi et à la pratique de ne pas être figées et idolâtrées. Si dans la laïcité, c'est la constitution qui prime sur la loi et valide les changements de ses articles, dans le milieu religieux, c'est pareil. A titre d'exemple, il y a plus de 2500 ans, les écrits d'Israël ont défini l'amour de Dieu et du prochain comme principe et fondement de la Loi, tout comme la miséricorde, qui signifie acte de pardon et de charité, pour les devoirs religieux…

Non ! Le retour aux racines n'est pas une plongée dans les certitudes religieuses mais un questionnement de la loi et des pratiques jusqu'à leurs principes, jusqu'à leurs cohérences avec leurs bases constituantes. Il n'est jamais une application aveugle des préceptes juridiques et des devoirs religieux en ôtant la raison et l'esprit critique ! Et utiliser d'une manière erronée le terme « radicalisation » islamique parasite le travail des penseurs de l'islam et les empêche de définir définitivement et officiellement l'ADN de leur religion afin de pouvoir l'adapter et la faire évoluer si besoin.

Etre « en dérive » fanatique, n'est donc pas un questionnement radical. Au contraire, c'est se remplir de certitudes. C'est être fan d'une idole. C'est tomber dans l'idolâtrie et déclencher chez le fanatique des passions qui peuvent balayer son sens critique.

Le comble du désastre ? C'est de voir quelqu'un accuser les autres d'être idolâtres alors qu'il est entièrement dans un processus d'idolâtrie, mais qui est nommé à tort « radicalisation » et qui le rend fier de son acte !

Non, fanatisme et radicalisation sont deux chemins radicalement opposés. Ne nous trompons pas de sens ! L'erreur pourrait être radicalement fatale ! L'enjeu n'est pas celui d'une bataille mais d'une guerre !

Je termine par une question. Qu'appelle-t-on le processus qui rend quelqu'un volontairement sourd à tout dialogue, animé par un zèle aveugle et tenant des propos incohérents ?

Ne cherchons pas trop. La bataille est ailleurs. Osons utiliser un mot plus juste : fanatisation, terme défini plus loin dans ce parcours.

Texte tiré de « Rives et dérives »

I- ISLAMOPHOBIE, FANATISATION ET VIOLENCE

PEUR DE L'ISLAM ?

OBJECTIF : Comprendre la différence entre croyances religieuses et projet politique

Contexte : Lyon, juillet 2006. Antoine, chrétien libanais, est invité dans la famille de son associé Olivier. Ce dernier lui fait part de sa peur à la lecture d'un article qui concerne l'islam.

Chez Alexia et Olivier, le repas continuait tranquillement. La discussion s'engagea sur l'islam en Europe. Olivier dit avoir lu récemment un article qui lui faisait peur.

– L'auteur parle de la dimension politique de l'islam que les Occidentaux ont du mal à saisir. Il explique la division du monde selon l'islam en deux catégories ou *dyar* : *dar al-harb* ou « maison de la guerre » et *dar al-islam* ou « maison de l'islam ». Et selon cette théorie, les musulmans qui sont dans des pays non-musulmans sont dans *dar al-harb* et ont le devoir de transformer cette terre en *dar al-islam*.

Antoine écoutait en tournant son verre entre ses doigts et Olivier développait l'article.

– Selon les démographes, si le taux de fécondité chez les Françaises musulmanes se maintenait, l'islam serait la première communauté en France voire en Europe d'ici 2075. Par conséquent, tous les fondements sociopolitiques de l'Occident, comme la laïcité, la démocratie, les droits de l'homme, la responsabilité citoyenne et la liberté religieuse, seraient, peut-être, remis en question.
Un communautarisme croissant pèserait progressivement dans les décisions politiques, juridiques économiques et sociales en faveur de l'islam. Actuellement, beaucoup de pays musulmans sont sujets aux conflits internes, quand ils ne sont pas en guerre avec d'autres pays. Ils n'offrent pas de modèle de gouvernement démocratique et ils ne servent pas d'exemple de respect des droits de l'homme et des libertés religieuses…

Un tel discours ne laissait pas Antoine insensible. Il faisait écho à ses anciennes peurs. Il en voyait le risque et comprenait la crainte d'Olivier. Mais si, aujourd'hui, il avait pu dépasser ses peurs, c'est parce qu'il percevait un autre visage de l'islam à travers la famille Salloum très éloignée de ces préoccupations démographiques ou politiques. Les discussions qu'il avait eues avec des musulmans avaient fortement renforcé et approfondi sa foi chrétienne.

– C'est vrai, aujourd'hui en Europe, on ne connaît pas forcément l'islam et on n'approfondit pas assez la foi chrétienne qui a marqué l'histoire de l'Occident voire l'a déterminée. Quand tu ne te connais pas assez, et que tu ne connais pas non plus celui qui est en face de toi, ni comment chacun va évoluer dans le temps, surgit nécessairement l'inconnu qui fait peur. Mais quand tu sais qui tu es et que tu t'intéresses à l'autre, les choses seront différentes. Tu pourras transformer la crise en chance.

Silence chargé de réserves face à l'irruption inhabituelle de la foi dans ce sujet politique.

Un chrétien libanais peut sentir davantage les problèmes des minorités au Moyen Orient. Olivier aimerait savoir comment des pays entièrement chrétiens au septième siècle sont devenus entièrement musulmans aujourd'hui.

– L'histoire des pays islamisés ne se résume pas en quelques mots, répondit Antoine en posant son verre. Ce serait imprécis. De même, pour les motivations ou les contraintes qui ont poussé certains peuples du pourtour méditerranéen à changer de religion. Est-ce la peur ? Le statut social des non-musulmans ? Les impôts ? Le désir d'être de la même religion que le conquérant ? Le manque de profondeur dans les croyances religieuses ?...

Type de raisonnement énervant pour Olivier qui rétorqua :

– Mais ce processus peut se reproduire en Europe aujourd'hui par le changement démographique ! Non ?

Insistance et inquiétude.

– Olivier, penses-tu vraiment que, pour construire *dar al-islam* en Europe, les musulmans français ou européens sont prêts à changer, détruire et sacrifier les fondements des sociétés occidentales qui leur ont permis de s'installer, de devenir citoyens et de bénéficier d'organisations socio-économiques bien développées ?

Silence et regard dubitatif d'Olivier. Puis, Antoine poursuivit.

– Crois-tu personnellement qu'ils ont réellement le désir de reproduire des structures politiques, économiques et sociales identiques à celles de leurs pays d'origine qui sont des « maisons de l'islam » mais qu'ils ont quittées voire fuies à cause des guerres, des injustices, du manque de libertés, de la corruption ou de la pauvreté ?

– Je ne sais pas ! Mais cela rejoint aussi des peurs que je ne suis pas le seul à exprimer ! Les vidéos de conversion à l'islam fanatique de certains européens montrent bel et bien un islam actif en Europe et qui refuse les valeurs occidentales. On n'est plus dans le schéma d'immigration économique ou de demande d'asile politique qui sont des devoirs de solidarité entre les humains, mais dans celui de la transformation active de l'Europe par l'islam.

*

Antoine avait entendu parler dans sa jeunesse du Père Afif Osseiran (1919-1988). Il était d'une famille libanaise musulmane bien connue et qui avait un rôle politique important. Et Afif était devenu un religieux chrétien. Il connaissait également Ahmad Farès al-Chidiac (1804-1887), un journaliste et romancier chrétien qui était devenu musulman. Tout cela correspondait au cheminement spirituel de chacun. Il n'avait jamais entendu de propagande à ce sujet pour monter qu'une religion progressait plus que l'autre ou attirait plus d'adeptes.

Les vidéos de conversion d'occidentaux à l'islam montraient une nouveauté par rapport à ce qu'il avait connu au Liban. Produites par des islamistes, elles leur servaient de vecteur de propagande, d'outil de pression sur les nouveaux convertis pour qu'ils prouvent sans cesse leur foi. Elles constituaient un catalyseur qui poussait à un prosélytisme très actif, au maintien de la rupture avec le milieu familial..., et surtout un frein qui bloquait tout retour en arrière en matière de foi sous peine de châtiment pour les apostats.

Antoine comprenait l'inquiétude d'Olivier, mais ce que montraient les vidéos sur les sites des islamistes n'était pas forcement la réalité mais de la propagande.

— Les conversions des musulmans existent aussi, dit-il. Il y a ceux qui deviennent agnostiques, comme ceux qui rejoignent d'autres religions. Ils sont également très nombreux dans ce sens.

— Mais pourquoi ne les voit-on pas sur des vidéos ? interrogea Olivier.

— Tout simplement parce que la conversion est une histoire de foi, de liberté de conscience et non de propagande pour chauffer les esprits. L'islam fanatique utilise ces vidéos pour avoir le soutien financier de quelques fondations musulmanes. Ainsi il fait parler de lui au détriment des musulmans modérés.

— Mais cela me fait peur !

— Justement, la peur est un piège. L'auteur de l'article que tu as lu, me semble-t-il, a peut-être peur de l'islam et s'interroge, d'une part, sur les liens entre l'islam et la politique, et, d'autre part, sur les liens entre les musulmans d'Europe et ceux des autres pays musulmans. Mais tant que l'on a peur de l'islam, on ne peut pas avoir un regard objectif sur son impact social, et on fait le lit des idées des islamistes.

— Le risque est réel et la peur est humaine.

— D'accord. Mais quelle est la solution ?

Olivier regarda Alexia comme s'il cherchait de l'aide. « Oui, quelle est la solution ? » se demandait-il. Devant ce silence instantané au milieu de la discussion, Antoine prit une gorgée de vin et continua.

— Alors, Olivier, quelle est la solution ?

— J'avoue que je ne sais pas trop !

– C'est vrai que l'on n'a pas de solution miracle mais le dénouement ne peut pas être du même niveau que l'inquiétude. Les islamistes savent bien se servir de la peur pour recruter des musulmans qui se sentent victimes de l'islamophobie. Ainsi, ils développent des sentiments bipolaires : de frustration et d'injustice, d'un côté, de supériorité et d'avoir droit, de l'autre.

Petit sourire ironique de désaccord.

– Tu me les montres comme de fins psychologues qui influencent la vie des autres !

– Non, des manipulateurs qui maîtrisent bien leur jeu qui n'appartient pas forcément au registre religieux.

Antoine raconta.

« J'étais dans le bus et à côté de moi, il y avait deux hommes qui parlaient arabe. Visiblement l'un d'eux avait été débouté d'un emploi. « Ces mécréants t'ont refusé le travail car tu es musulman et l'islam leur fait peur. Or l'islam est *salam*, (paix) et toi tu n'as jamais fait mal à une mouche. Qu'Allah te fasse justice ! », disait l'un sur un ton de colère. Puis ils ont changé de discussions et ils en sont venus à la politique. Le même a repris en riant : « Tu vois comment les frangins en Afghanistan fichent la trouille aux Américains et à leur alliés. Nous les écraserons avec l'aide d'Allah !

« Ils n'avaient aucun signe distinctif pour dire qu'ils étaient islamistes, ajouta-t-il. Mais la teneur du discours ne trompe personne. Rien qu'avec ces deux exemples concrets et quotidiens, sur le travail et le commentaire de l'actualité, on voit combien les islamistes savent exploiter les registres de l'irrationnel et de la peur. Ils savent susciter des comportements irréfléchis qui peuvent faire peur par la brutalité de leurs réactions... »

Olivier renchérit.

— J'ai encore plus peur maintenant des musulmans !

— Non, l'islam, les islamistes et les musulmans ne sont pas des réalités identiques. Personnellement, l'islam ne me fait pas peur. Mais il faudra aider les musulmans à éviter les pièges des projets politiques des islamistes en développant le recours à la raison et au sens critique.

— J'avoue que c'est une question complexe, intervint Alexia. J'ai peur que les musulmans ne s'adaptent pas aux sociétés laïques où la législation vient du peuple et non des principes religieux !

*

Antoine tentait de sortir du discours de la peur, mais ne trouvait pas de solution. La peur est mauvaise conseillère. Ses références religieuses le lui rappelaient. L'évangile de Matthieu commence par le message de l'Ange à Joseph : « N'aie pas peur... ». Jésus l'avait dit. Le pape Jean-Paul II l'avait martelé. Pour lui, ne pas céder à la peur est donc l'attitude de base pour comprendre l'autre et bien analyser la réalité... Aucune formulation n'était satisfaisante. Il décida finalement de dérouler le scénario qui faisait peur à Olivier et de le questionner là-dessus. Il posa son couvert et argumenta.

— Supposons que l'islam soit devenu majoritaire en France en 2075 et qu'il souhaite organiser un référendum sur le choix de la *Charia* comme référence légale. Penses-tu qu'en matière d'héritage, les femmes musulmanes françaises iraient choisir la *Charia* qui leur donne la moitié d'un héritage ou la loi française qui traite à égalité les hommes et femmes ? De même pour la liberté d'expression ? La liberté de conscience ? L'esprit critique ? Le divorce ? La garde des enfants ? La polygamie ? Le châtiment corporel ? La valeur de témoignage d'une femme ? ...

Un petit temps de réflexion.

− J'avoue que c'est impossible d'en arriver là, car il y a d'autres religions et des non-croyants aussi ! reprit Alexia. Mais tout de même, cela fait peur aujourd'hui de voir que certaines femmes musulmanes européennes revendiquent la *Charia* et portent volontairement le voile !

− Et penses-tu que ce phénomène s'affaiblira avec le temps ? ajouta Olivier. Je te dis que non !

− Personne ne garantira l'avenir. Mais la peur n'aidera pas à l'améliorer. Elle fait le lit des idées islamistes. Il faut préciser que l'islamophobie leur sert de cheval de bataille. Elle n'est pas un sentiment d'hostilité, de désaccord ou de refus mais de peur qui fait confondre la croyance religieuse et le projet politique, le musulman et l'islamiste.

Echange de regard entre Olivier et Alexia. Elle posa sa main sur celle de son mari et conclut.

− Mon chéri, c'est vrai, personne ne peut prédire l'avenir. Mais on peut observer ce qui se passe aujourd'hui et s'engager pour préparer la société de nos enfants afin que la liberté en Europe soit une vraie liberté sans haine de l'autre et sans peur des religions. Je ne peux pas imaginer les sociétés européennes sans la responsabilité individuelle, la liberté de conscience, le droit à l'expression ou le respect de la différence. Ce sont ces valeurs-là qui ont fondé l'Europe d'aujourd'hui et qui ont permis à l'islam d'être accueilli en Occident. Il faudra, peut-être, empêcher les islamistes de scier la branche sur laquelle les autres musulmans sont assis.

Texte tiré de « Entre les deux rives »

UN REVE APRES L'ATTENTAT DE NICE

OBJECTIF : Identifier valeurs et enjeux d'un processus de fanatisation

> *Contexte : Juillet 2016. Saint-Raphaël, au sud de la France. Cédric, un jeune qui a rejoint les rangs des djihadistes en Syrie et qui devait préparer un attentat dans une église, y renonce grâce à une rencontre qu'il a faite. Il part loin de Paris et réfléchit sur son cheminement. Il partage dans son carnet ses réflexions sur l'attentat de Nice le 14 juillet.*

L'attentat de Nice, le 14 juillet au soir, m'horrifia. Je voyais le désarroi des gens et je le comprenais. Comment avais-je pu dire un moment que c'était la volonté de Dieu de livrer des personnes entre nos mains pour qu'ils aient le châtiment d'Allah réservé aux mécréants ? Comment avais-je pu me substituer à Dieu pour condamner les gens en me basant sur le Coran ?

La cruauté de ce massacre me hantait jour et nuit. Je palpais réellement les conséquences de ce que j'aurais pu faire si j'avais continué mon plan.

Deux jours plus tard, j'en fis un rêve.

*

J'étais dans le hall d'une gare qui ressemblait à celle de Poudlard. Des gens arrivaient à traverser vers le quai de lumière et d'autres pas.

Je tentai la traversée et je ne la réussis pas. Et puis, je vis une agitation soudaine et un jeune, arrivant à vive allure, se rapprochait de la ligne de passage. Il fut surpris par son incapacité à aller vers le quai de lumière. Il criait : « Je suis le martyr de la foi. J'ai sacrifié ma vie pour que les gens sachent quel est le châtiment réservé aux mécréants. Je les ai écrasés comme des mouches et elles se sont envolées comme des quilles… »

Il regardait autour de lui, fier.

– Allah, je suis votre fidèle, ouvrez-moi la voie d'accès à votre paradis pour que j'y demeure.

Je regardai le journal posé sur un banc. Il y avait sa photo dessus.

Chose étrange. Le passage vers le quai de lumière ne s'ouvrait pas devant lui. Mais d'autres arrivaient et traversaient aussitôt. Je regardai la télé et je vis des gens se faire écraser par un camion fou.

Au fur et à mesure que la foule traversait, le prétendu martyr s'énervait et perdait patience.

Voir les mécréants le devancer vers le train de lumière était une torture insupportable pour lui. Il exprima son mécontentement…

Quelqu'un qui me semblait être un ange et qui regardait des listes, s'arrêta et vint le voir.

– Calmez-vous monsieur.

– Je dois aller directement au paradis et vous me faites patienter ici.

– Si vous aviez eu le droit de vous y rendre, le passage vers le quai de lumière se serait ouvert de lui-même.

– Vous en doutez ? Lisez les journaux. Regardez la télé. Je suis le martyr de la foi.

– Ce n'est pas moi qui vous ferme le passage. C'est l'Eternel.

– Dites à Allah que je suis là et que j'ai fait sa volonté.

Un homme complétement étourdi arriva alors.

– Bah ! Je ne savais pas que la vie continuait après la mort ! Ça existe alors ! J'ai toujours pensé que ça n'existait pas.

– Mais toi, tu existes bel et bien sur nos listes comme passager pour la vie éternelle. Et c'est important !

– Sérieusement, je n'ai jamais cru en Dieu ni en quoi que ce soit.

– Mais Dieu a toujours cru en toi.

– Je ne l'ai jamais rencontré, ni reconnu.

– Il t'a reconnu, grâce à ton sens de l'amitié, ton amour des autres, ton pardon, ta générosité, ton humour, tes blagues, ton amour de la vie, ta manière de la rendre plus belle, plus lumineuse et plus savoureuse pour ceux qui étaient autour de toi... Il t'a rencontré chaque fois que tu as aidé un proche dans le besoin.

– Je ne connais même pas une prière, pour pouvoir m'adresser à lui.

– Ne t'inquiète pas ! Tu as déjà partagé sa vie. Le reste viendra.

– Je suis agréablement surpris…

– Tant mieux…

J'étais stupéfait. L'homme franchit facilement le passage. Celui qui se disait martyr voulait glisser derrière lui, mais il se heurta au mur. Il s'énerva et répéta.

– Dites à Allah que je suis là !

– On fait de notre mieux. Vous n'avez pas vu le nombre de personnes que vous lui avez envoyé avant vous. Il faut rajouter un wagon complet.

L'ange revint à ses listes.

– Faites quelque chose pour retrouver mon nom. Vous n'êtes pas occupé en ce moment !

– Si, mais vous ne comprenez pas mon travail. Restez donc calme et en silence.

– Dites à Dieu que son MARTYR est là. Il n'a certainement pas entendu mon nom et compris qui je suis.

L'ange leva sa tête. J'étais curieux de savoir comment cela allait se terminer.

– Vous savez que pour demeurer avec Dieu, il faut être comme lui.

– Personne n'est comme Dieu. Je l'ai toujours professé.

– C'est vrai. Mais il vous a fait aussi un grand cadeau afin de pouvoir partager sa vie éternelle !

– On ne parle pas de la même chose. Moi je ne veux que le Paradis.

– Mais le paradis, s'il n'est pas en Dieu, n'est pas éternel. Car il n'y a d'éternel que l'Eternel.

– Il est écrit qu'on demeure éternellement au paradis.

– Partager la vie éternelle, c'est partager la vie divine. On ne peut pas vivre éternellement sans recevoir la vie divine, car, comme je vous l'ai dit, il n'y a d'éternel que l'Eternel.

– Il n'y a de Dieu qu'Allah.

– D'accord, c'est équivalent. Mais pourquoi voulez-vous mettre le paradis en dehors de la vie de Dieu. Aller au paradis, c'est donc partager la vie de Dieu. C'est ça l'équivalence.

Silence.

– Je ne veux pas discuter avec vous. Vous m'embrouillez. J'ai soif.

– L'eau qui vous cherchez ne se trouve pas ici.

Un bruit vint du côté de ceux de ceux qui avaient traversé. Je regardais et je vis un enfant se lever et regarder autour de lui, puis venir vers l'ange.

– J'avais une bouteille. Je peux la lui donner ?

– Tu es gentil toi. Pas comme lui !

L'enfant sourit aux deux puis il s'adressa à l'ange.

– Est-ce que je peux aller la chercher et la lui donner. Elle est tombée quand j'ai fui devant le camion.

– Non, tu ne peux pas !

– C'est dommage, le monsieur a soif et j'avais de l'eau.

– Ne t'inquiète pas, on va s'occuper de lui.

L'enfant hocha les épaules et dit qu'il était désolé avant de revenir à sa place. Le prétendu martyr attendit que l'ange sortît la tête de ses listes et sauta sur l'occasion.

– Je vois qu'il n'y a plus personne. Voulez-vous vous occuper de moi ?

– Ça y est monsieur, je suis à vous.

– Moi, j'ai fait tout ce qu'il fallait.

– Comme quoi ?

– J'ai retenu le Coran.

– La vie de Dieu n'est pas le Coran.

Quelqu'un de ceux qui n'arrivaient pas à traverser vers le quai de lumière se leva et cria subitement.

– Moi j'ai retenu l'évangile.

– Dieu n'est pas l'évangile non plus. Ni aucun livre sacré, non plus …

Une femme indienne traversa. Les deux hommes se regardaient.

– Peut-être que l'on s'était trompé de religion, dit-il au prétendu martyr. La femme hindouiste a réussi son passage vers le quai de lumière et pas nous !

– Dieu n'est pas la religion, insista l'ange.

L'homme revint à sa place tandis que celui qui se nommait martyr était désemparé. Il argumenta.

– J'ai fait mes prières.

– Dieu n'est pas la prière.

– J'ai fait mon pèlerinage.

– Dieu n'est pas le pèlerinage.

Il montrait des signes d'agacement mais il se contrôlait.

– Dieu ne veut-il pas venir m'accueillir ? Ce n'est pas possible de tomber sur quelqu'un d'aussi lent et négatif que vous !

– Minute papillon !

– Ça fait des heures que vous me faites poireauter.

– Non !

– Comment ça non ?

Il regarda sa montre et puis il jeta un regard vers moi comme s'il voulait une confirmation. Je regardai mon bras mais je ne portais rien.

– Monsieur, un jour ici est comme mille ans. Une minute, dix-sept heures.

– Dix-sept heures ! J'aurais pu faire Paris Pékin avec deux escales.

– Ça aurait été nettement mieux si vous l'aviez fait. Mais vous étiez pressé de venir ici. Et de nous amener du monde. Attendez donc.

Il s'avança vers moi me demandant si je pouvais lui dire dans quelle direction se trouvait la Mecque. Je ne pus pas répondre. Il s'adressa à l'ange qui lui montra une direction.

Devoir accompli. Retour vers le comptoir de l'ange.

– Je m'étais toujours orienté vers la Mecque. Vous n'allez pas me répondre que Dieu n'est pas la Mecque ?

– Si ! Dieu n'est pas la Mecque.

– J'ai appliqué la *charia* à la lettre.

– Dieu n'est pas la loi.

– Mais je suis un MARTYR DE LA FOI. Vous comprenez : DE LA FOI ! s'agaça-t-il.

– Mais Dieu n'est pas la foi.

– Allo quoi ? On vit et on meurt pour la foi et la foi ne nous emmène pas au paradis ? C'est sérieux ça ? Allo !

Etonnement et grande surprise s'ajoutèrent à l'agacement.

Un vieux couple qui attendait sur le quai lumineux se retourna et la femme dit :

– Ça veut dire quoi « Allô quoi ? » mon chéri ?

– Je pense que ça vient de la télé. Si tu avais accepté d'en avoir une, tu n'aurais pas besoin qu'on te le dise.

– Mais toi tu serais resté à regarder le foot.

– C'est vrai !

Un petit silence puis il rétorqua.

– Puisque c'est le moment de dire la vérité, je t'avoue que certains soirs, je faisais exprès d'être en retard pour regarder les matchs au bar. Je le regrette beaucoup.

– C'est ça alors ?! Et moi qui me faisais un sang d'encre !

Silence gêné de l'homme. Puis sa femme reprit.

– Il faut que je te le dise moi aussi. Et moi, j'allais tous les après-midis regarder *Les Feux de l'Amour* chez la voisine !

– *Les Feux de l'Amour* ? Plus de 10 000 épisodes ? Ce n'est pas possible !

Un oui timide sortit de la bouche de la femme auquel réagit l'homme comme s'il venait de marquer un but d'égalité.

− Au final, je pense qu'on avait vraiment raison de ne pas avoir la télé.

L'homme qui se prétendait martyr de la foi tenta de surmonter sa stupéfaction.

− Pour aller au paradis il faut la foi. C'est ce que l'on m'a toujours appris. Et moi je suis le martyr de la foi.

− Non, vous vous trompez. Quand on est avec Dieu, la foi, les prophéties, la science, les dogmes, les livres sacrés ne servent plus à rien...

Regard allant dans tous les sens à la recherche d'arguments.

− J'ai toujours dit qu'il était l'Unique, qu'il n'engendre pas et ne peut être engendré.

− La vie de Dieu n'a rien à voir avec le rabâchage dogmatique. Qu'est-ce cela lui fait, si on le dit ou si on ne le dit pas ? La vie de Dieu n'est pas celle des manifestants et des foules scandant des slogans et des dogmes.

− Je l'ai toujours adoré lui seul !

L'ange se tut. Et j'étais aux aguets.

– Voilà vous n'avez plus d'arguments à me balancer face à mon adoration.

– Je ne pouvais pas vous voir car quand j'adore, je ne regarde que l'Eternel.

– Allah seul me jugera. Laissez-le me dire les choses.

Une femme arriva haletante.

– Je vais prendre le train lumineux. Tout le monde est dedans. Personne sur le quai. Je suis en retard !

– Ne t'inquiète pas. Mais, c'est vrai, il va bientôt partir. On attend encore une personne.

Elle traversa.

– C'est moi que vous attendez et vous cherchez ailleurs ! reprit le prétendu martyr.

– Non !

– Je vous le dis. Vous ne le comprenez pas ! Appelez-moi votre chef.

– Le conducteur du train est mon chef.

– Dites-lui mon nom. Votre liste n'est pas à jour. J'arrête d'argumenter avec vous.

*

Au téléphone. Conversation à trois.

– Patron, c'est Gaby. J'ai quelqu'un qui te réclame.

– Oui, je vois qui il est. Mais je ne le reconnais pas comme passager de mon train.

– Oh Allah, je vous ai toujours adoré !

– Parlez plus fort, dit l'ange, il ne vous entendra pas. Il faut être bien en face du micro.

Puis s'adressant à Dieu.
– Patron, il dit qu'il t'a toujours adoré !

– Non. Il a adoré le Coran. Le *hadith*. La prière. Le pouvoir. Et moi je ne suis pas ces choses-là.

– J'ai retenu toutes vos paroles !

– Lesquelles ? Celles que peut contenir une cartouche d'encre ou celles que ne peut suffire à écrire le volume des océans si on les remplissait d'encre ?

Silence, puis la voix rejaillit du hautparleur.

– Je suis pressé. Mais si je te donnais à écrire sur une feuille ce que tu as retenu, saurais-tu combien de gouttes d'encre tu utiliserais ?

– Je ne vous ai jamais associé une autre divinité.

– Ce n'est pas vrai. Tu t'étais mis à ma place pour juger les autres. Or, le jugement n'appartient qu'à moi.

– J'ai toujours mangé *halal*. Je vous ai demandé la permission avant le moindre abattage.

– Oui, tu avais des scrupules pour les animaux. Mais tu as tué des hommes. Tu leur as enlevé la vie. Or je suis le maître de la vie.

– J'ai préféré votre *charia* sur toutes les lois. C'est elle qui guidait mes actions contre les mécréants.

– Non, tu as voulu justifier ta barbarie et te donner bonne conscience en te cachant derrière des textes et des *fatwa*.

– Mais je n'ai fait que ce que l'on m'avait dit et enseigné.

Un bruit. Quelqu'un arriva pendant la conversation.
– D'accord ! Tu as bien obéi aux autres. Mais, je t'ai donné une conscience morale. Non ?

Un homme s'approcha. Silence des trois. Je fus gêné par l'arrivée de cette personne qui coupa la conversation.

– Excusez-moi. On ne me lâchait pas à l'hôpital. J'ai eu la totale. Des garrots, des litres de sangs, massage cardiaque, défibrillateur…

Puis se retournant vers le prétendu martyr..

– C'est lui ! C'est le terroriste ! Je le reconnais : il était dans le camion fou. Si j'ai bien entendu, on lui avait fait cadeau d'une conscience morale !

Silence et approbation par un signe de la tête de l'ange.

– Moi j'achète cette conscience au prix le plus fort, ironisa l'homme. Elle est à valeur neuve. Jamais utilisée. Si vous la mettez aux enchères, je suis preneur.

Leger sourire de l'ange et on annonça le départ imminent du train.
– Il faut donc que je me dépêche. Ma femme est déjà dans le train. Elle va encore me dire que j'étais en retard, comme à la messe… Mais entre nous, ça ne me gêne pas de la laisser partir seule maintenant, si tu me trouves le nom d'un de mes copains sur la listes des passagers des trains suivants. De toute manière, je connais bien ma femme. A l'arrivée, comme à la sortie d'église, elle va râler…

L'ange regarda l'horloge. Le passager comprit qu'il était le temps de traverser. Puis, une voix se fit entendre dans le téléphone.

– Gaby, il est toujours en face de toi, le pressé !

– Oui, Patron.

– Oui Allah, je vous écoute !

– Revenons à toi. On t'a appris des choses. Mais toi tu as une conscience morale et une responsabilité personnelle. C'est toi personnellement qui es responsable. J'entends des cris contre toi, et non pas contre les livres dans lesquelles tu as étudié. Ce sont les cris des familles qui pleurent leurs membres innocents que tu as renversés…

Silence…

Puis silence…

— Sais-tu ce que je vais faire maintenant ? Je vais me charger des souffrances des justes et des innocents.

— Et de mon martyre ?

— Tu as été récompensé. Ta photo est dans le journal et on parle de toi à la télé. Tu as déjà eu ton heure de gloire quand tu t'es mis à ma place pour décider de la vie d'autrui.

— Je vais partir avec vous !

— Tu n'iras pas plus loin que là où ta haine t'a propulsé.

— Par mon martyre, je veux venir avec vous.

— Non, le train partira sans toi.

Dieu raccrocha. J'eus peur pour moi.

— Je vous laisse, je vais sur le quai. Le train va partir.

— S'il vous plaît Gaby, je suis perdu. Répondez-moi. Quelle était la religion à suivre pour aller dans le train ?

— Vous devez le savoir.

— Comment ça ?

— Si le train mène à la vie de Dieu, vous n'avez donc qu'à trouver ce qui vous fait monter dedans ?

— J'ai tout dit. J'ai présenté tout ce que j'avais appris.

— Sauf l'essentiel.

– C'est quoi ?

– Cherchez ce que peut être la vie de Dieu.

*

Le présumé martyr commença à réciter tous les noms d'Allah qu'il avait retenus. L'ange partit donner le signal de départ. J'étais étonné par sa capacité à réciter, avec une grande émotion, tous ces noms en arabe qui résonnaient dans la salle d'accueil de la gare. Il me parut sensible, contrairement à son indifférence devant les images, en boucle, des personnes affolées qui fuyaient le camion fou. Dès qu'il eut fini, il s'adressa à moi.

– J'ai récité tous les noms d'Allah. Chacun est plus merveilleux que l'autre, dit-il avec fierté et un large sourire.

Je ne sus que répondre mais l'ange, qui était de retour à la fin de la récitation, entendit ces paroles et l'interpella.

– C'est vrai, vous avez récité ! Avez-vous demandé un jour le sens de ces noms et comment vous en nourrir dans votre vie ? Non ! Or, l'Unique est dialogue en lui-même et vous, vous ne faisiez que des monologues... Vous étiez volontairement sourd à sa voix qui voulait vous montrer le chemin de la vie.

– Je n'ai jamais manqué de zèle pour la parole d'Allah.

– Oui un zèle aveugle pour idolâtrer le Coran, la *charia*, le *hadith*. Mettre au rang du sacré quelques gouttes d'encre et oublier l'océan. Vous prétendiez avoir la foi et œuvrer pour le salut mais vous n'étiez au final qu'un fanatique ! Vous étiez un fan, et vous ne voyez pas quelle était votre idole ! Fanatisme, c'est l'équivalent de l'idolâtrie.

– Mais c'est Allah qui dit que l'islam est la meilleure religion. Non ?

– La religion qui plait à l'Eternel est celle de l'amour. Toute religion qui s'en approche, aide le monde à se révéler meilleur. On peut vivre sans l'amour, mais dans la tristesse. L'amour, c'est ce qui fait participer à la vie divine. Le reste non !

– Vous vous contentez donc d'un seul titre : Dieu est amour.

– C'est plus qu'un titre. L'amour est la vérité de la vie. Car il l'épanouit, la montre plus belle et plus savoureuse. De même, l'amour est aussi la vérité de Dieu car il est amour. L'Eternel est en dialogue d'amour infini avec lui-même et avec le monde. Il faut juste l'écouter et faire silence. Il a encore plein de choses à dire.

Atterré, le terroriste ne pouvait plus argumenter. L'ange prit une tablette numérique qu'il lui donna.

– Qu'est-ce qu'il faut faire maintenant ?

– Jouer au jeu de la *Vie éternelle*. Vous allez être, au moins une fois dans votre existence, sérieusement connecté à votre vie et obligé de la relire. Regardez la composition du prochain train dans cette tablette. Il y a des wagons qui partent et d'autres qui restent à quai. Examinez votre vie à la lumière de l'amour et vous verrez si vous prendrez le prochain train ou pas.

Silence. Je tendis l'oreille. L'ange reprit sur un ton pédagogique.

– Chaque fois que vous avez haï quelqu'un, vous reculez d'une place ; manqué de respect, une autre place perdue ; méprisé les autres, pareil… Et chaque fois que vous avez aimé, aidé quelqu'un, pardonné… cela vous fait avancer d'une place. J'ai peur que vous ne soyez tellement décalé que votre place se trouve dans les wagons qui ne partiront jamais. Par l'amour, vous faites votre placement et par la haine, vous vous condamnez vous-même. Je vous laisse vous amuser sur cette tablette.

— Là, vous allez partir et me laisser ici jouer avec la tablette.

— Vous avez beaucoup joué avec la vie des autres comme si c'était l'application *Candid's crash*. Maintenant vous allez jouer avec la vôtre dans la *Vie éternelle*. Vous verrez si, pour vous, ce sera l'accès au niveau 2 ou le Game over.

L'ange revint à sa place et je le vis ranger ses affaires. Il allait partir. Je me précipitai vers son bureau et lui demandai : « Et moi qu'est-ce que je vais faire ? » Il chercha sur sa liste puis il me dit : « Visiblement, ce n'est pas encore le moment. Tu n'es sur aucun départ affiché… »

Et ce fut le réveil.

*

Je fus hagard toute la journée. Je regardais en boucle sur internet le drame de Nice, je pensais à mon rêve et je ruminais ma colère : « Pauvre con de terroriste, on t'a menti sur ce monde et sur l'au-delà. On t'a promis le paradis mais en réalité on t'a fait descendre avant le terminus ! Tu verras tes victimes aller devant toi vers le cœur de Dieu. »

Le soir, devant le soleil couchant, qui s'engloutissait dans la mer, ma révolte et ma colère cédèrent la place aux pleurs. Renaître à ce qui fait la vie et comprendre les ressentis des personnes endeuillées m'avaient bouleversé. Pleurer sur eux ? Sur les victimes ? Sur moi ? Sur nous tous ? Je ne pouvais pas le déterminer. Mais tout était l'occasion de faire perler mes yeux. Je sentais que les larmes lavaient l'image sale que j'avais découverte aux confins de mon être et qu'elles me réconciliaient avec moi-même.

Et puis une nouvelle folie en ce mois de juillet.

J'étais encore plus effondré. La mission d'attaquer « le trône du diable et sa demeure », avait été visiblement confiée à d'autres. L'assassinat du père Hamel en pleine célébration eucharistique était encore mon drame. Comment avait-on pu me faire croire qu'il s'agissait de l'Eglise et de ses prêtres ? Pauvre idiot que j'étais ! J'aurais pu être à leur place ! Et pauvres cons d'assassins obsédés par le paradis, ils verraient qu'ils étaient descendus avant le terminus. Ils avaient marché aveuglément vers leur mort. Ils voulaient être des martyrs de la foi ! Mais, au final, ils ne sont que des assassins.

Le père Hamel fut assassiné en célébrant l'amour infini de Dieu et sa miséricorde. Et si Dieu est amour, ce « *kafir* » les devancerait auprès de l'Eternel. Ils verraient que ce vieux prêtre avait pris le bon train de l'amour et de la lumière et il continuerait jusqu'au terminus, tandis qu'eux resteraient sur un quai où personne ne les attendrait.

Texte tiré de « 360° sous le soleil d'Allah »

SE METTRE AU-DESSUS DE DIEU ET DU PROPHETE

OBJECTIF : Identifier les incohérences dans le processus de fanatisation

> *Contexte : Lyon, septembre 2006. Walid, jeune adolescent musulman, qui a été influencé par un islamiste, cherche une autre manière de concevoir sa religion. Lors d'une fête d'anniversaire, il rencontre Sami qui parle de son cousin djihadiste et qui évoque également les premières réactions aux caricatures du prophète de l'islam.*

Quelques jours plus tard, Walid était invité à l'anniversaire d'un jeune de son ancien club de boxe. Des jeunes discutaient de la défense de l'islam partout dans le monde. Parmi eux, Sami, un trentenaire, parlait de son cousin.

« Rachid, mon cousin, raconta-t-il, avait une vie de délinquance irrémédiable et fatiguait ses parents. Après un séjour en prison, il est devenu pratiquant et s'est mis à citer le Coran et le *Hadith* dans tous ses discours. Changement radical par rapport à sa vie d'avant et grand soulagement pour ses parents. Cependant, on sentait chez lui une vision négative de la vie. Une amertume face au quotidien, un sentiment d'échec personnel, un manque de reconnaissance professionnelle, un dénigrement de l'Occident et de sa politique, un rejet des valeurs laïques démocratiques, un désir de vengeance… jaillissaient au travers de ses paroles.

« Mon cousin avait un ami qui s'appelle Younes. Ils avaient fait les quatre cents coups ensemble. Passionnés par les armes, Rachid n'avait pas hésité à franchir le pas et à rejoindre avec son ami un camp d'entraînement. Ils sont allés combattre les « ennemis d'Allah » à côté des djihadistes en Bosnie en 1993 et ont mené les combats les plus durs sur les fronts.

« Rentrant un soir dans le métro en 1995, je vois par hasard Younes sur le quai du métro. Il ne pouvait pas s'attarder avec moi mais il m'a raconté qu'une bombe avait éclaté à proximité de mon cousin qu'elle lui avait fauché une jambe et touché l'abdomen. Il m'a quitté en refusant de me laisser un numéro de téléphone ou une adresse.

« Inutile de vous décrire le hurlement de ma tante, quand elle a appris que son fils était blessé. Impossible pour nous de nous rendre immédiatement en Bosnie pour voir Rachid à cause des combats. Mais quelques mois plus tard, nous avons rencontré une famille bosniaque qui nous a donné l'adresse et le nom de leur cousin à Mostar qui parle français. En deux semaines, nous étions sur place. De fil en aiguille, nous avons trouvé quelqu'un qui avait connu mon cousin et qui nous a appris que Rachid s'était suicidé quelques mois après sa blessure, par désespoir face à sa maladie et sa solitude. Visite du cimetière où il avait été enterré. Pas de tombe. Pas de nom. Juste un trou dans lequel un tas de terre recouvre des cadavres de plein d'étrangers. J'ai eu l'impression qu'il était entreposé comme un déchet. J'ai compris de notre traducteur que la population locale n'appréciait pas, voire détestait, l'excès de zèle des Djihadistes et craignait leur mainmise sur le pays.

« Younes est mort en 1997 en Algérie, tué par l'armée. Il aurait participé à un massacre de civils dans un village. L'annonce de sa mort m'a glacé et me glace encore. Car depuis, j'ai pris conscience combien le combat contre les « ennemis d'Allah » n'épargnait ni les civils, ni les enfants, ni mêmes les musulmans... Si les Serbes et Croates étaient définis comme les « ennemis d'Allah », comment qualifier alors les femmes et enfants musulmans massacrés en Algérie ?

« Mensonges, massacres, manipulations ..., de tristes réalités commises au nom de l'islam ! On ne cherche au final que la prise de pouvoir et la réalisation d'un projet politique ! Peu importe le moyen pour y parvenir ! »

« J'ai découvert par hasard que mon petit frère avait été influencé par un mentor islamiste et allait partir en Afghanistan en 2003. Depuis, je mène une campagne pour avertir du danger de ces recrutements djihadistes car tant que l'on ne connaît pas la vérité de ce qui se passe là-bas, on reste sur des légendes, de la propagande et des mensonges qui érigent la violence et le meurtre en héroïsme au nom de l'islam et du Coran. »

Comme son talent de narrateur était indéniable, tout le monde en voulait encore. Sami leur raconta une scène qui s'était passée dans un groupe où il était présent à l'époque et où on protestait contre les caricatures danoises du prophète Muhammad.

« La grande salle de réunion des musulmans de mon quartier est pleine à craquer. L'affaire est grave au niveau international. On est le 8 février de cette année. Une semaine après la publication des caricatures du Prophète par *France Soir* et le jour de leur publication dans *Charlie Hebdo*. Le Prophète a été dessiné avec une bombe en guise de turban dans un journal danois en septembre dernier. Depuis les rues du monde arabo-musulman ont progressivement réagi faisant monter de plusieurs crans la violence, en janvier et février. J'y suis et j'écoute le discours du chef. Il s'était imposé comme chef car il avait trouvé l'argent pour ouvrir cette salle. Le public est exclusivement masculin. Un jeune s'énerve au fur et à mesure qu'avance le discours sur le mépris de l'islam. Puis à peine le topo terminé, il se lève et crie qu'il faut tuer les *kafirin* (mécréants au pluriel) car on insulte Dieu et son prophète.

« Les vieux s'indignent contre ces propos violents même s'ils n'approuvent pas les caricatures. Les plus jeunes tous enflammés appuient le jeune et répètent qu'il faut tuer les *kafirin*. Alors je me lève, demande la parole et reste en silence. Quand la salle se calme enfin, je demande au jeune de me dire depuis quand tuer ceux qui ne croient pas ou qui se moquent de la foi est permis dans l'islam. Puis je cite le Coran (sourate 25 verset 72) « *Ceux qui ne donnent pas de faux témoignages ; et qui, lorsqu'ils passent auprès d'une frivolité, s'en écartent noblement* ». Grande écoute. Les caricatures sont une frivolité.

« Je continue et donne l'exemple du prophète Muhammad qui n'a pas tué, son oncle, Abou-Lahab, malgré son incrédulité et sa moquerie. Cet homme avait traité le Prophète de fou et il l'avait maudit ainsi que l'islam. Si c'était permis, le prophète Muhammad l'aurait tué, car il savait la condamnation d'Abou-Lahab. Or, il a laissé Dieu le juger et le condamner. Alors, pourquoi certains musulmans d'aujourd'hui doivent-ils surenchérir sur l'attitude du prophète Muhammad ? Pourquoi ne suivent-ils pas cette attitude du prophète qui a laissé Dieu juger ce moqueur et mécréant notoire ?

« Un chahut règne dans la salle. Le chef calme tout le monde. Puis à tour de rôle, on me cite toutes les références contre les mécréants : « combattez-les… ; tuez-les… ; frappez-les au cou… » ; Le Prophète a lui-même ordonné de torturer et de tuer le mari de Safiya, la jeune femme juive que le prophète épouserait plus tard… ; le jugement des mécréants est explicite dans Coran et c'est la Parole de Dieu qui l'ordonne…

« Ces citations m'énervent énormément car elles mélangent la Parole de Dieu, le Coran et des histoires de combats et de conquêtes militaires sans aucune référence au contexte. Je suis au bord de l'explosion. On me sort donc des versets violents pour réfuter l'accusation de violence à travers les caricatures. Or le Coran demande de s'écarter noblement de cette frivolité. Mais est-ce qu'on écoute vraiment la parole de Dieu ?

« Je sors de ma poche une clé USB et je demande au chef la permission d'imprimer un texte pendant que la discussion continue. Le chef ordonne à son fils de le faire. L'attitude du Prophète et les versets coraniques contre les mécréants occupent la discussion pendant un bout de temps. Quand on me rapporte le texte imprimé, tout le monde se tait et on me regarde. Je dis que c'est tout le Coran qui est imprimé, puis je tourne les pages et lis le verset 109 de la sourate 18: « *Dis : Si la mer était une encre (pour écrire) les paroles de mon Seigneur, certes la mer s'épuiserait avant que ne soient épuisées les paroles de mon Seigneur, même si nous la remplissions d'encre* ».

« Les participants me regardent, étonnés de ce hors sujet flagrant. Je leur dit qu'on a pu imprimer tout le texte coranique avec moins d'une cartouche d'encre. Alors est-ce que en prenant les versets du Coran au pied de la lettre, on rencontre vraiment les paroles de Dieu que des mers d'encre ne suffisent pas à écrire ? Silence général suivi de chahut de protestations. Puis le chef demande de me laisser continuer.

« Je répète alors : « Si on a pu imprimer tout le texte coranique avec moins d'une cartouche d'encre. Alors est-ce que, en prenant les versets du Coran au pied de la lettre, on rencontre vraiment les paroles de Dieu que des mers d'encre ne suffisent pas à écrire ? ». Et j'ajoute : « Et si on se contentait des quelques versets violents utilisés hors de leur contexte et qui sont très loin de refléter la valeur de l'islam, est-ce qu'on rencontrerait aussi cette parole divine ? Que représentent au final tous les versets que vous venez de citer ? » Je répète cette question et me tais exprès quelques secondes avant de dire : « Quelques gouttes d'encre pas plus ! Oui, quelques gouttes d'encres pas plus tandis que le Coran, lui-même, nous invite à plonger dans la mer d'encre pour retrouver les paroles de Dieu.

« Un grand silence. Je continue.

« Le Coran ne veut pas que l'on se contente de moins d'une cartouche d'encre pour le Coran entier, et encore moins, de quelques gouttes par-ci et par-là en répétant quelques versets violents enseignés par ceux qui ne connaissent ni la parole de Dieu, ni l'islam mais qui cachent derrière ces versets leur haine des autres et leurs projets politiques au nom de l'islam ! »

« On n'entend que le silence dans la salle après mon intervention et je vois le hochement de tête de quelques anciens qui m'encouragent. Mais soudain, le jeune crie : « Allahu akbar, tu es un vrai *kafir*, tu es un mécréant, tu mérites la mort ! ». Je lui réponds : « Voilà un homme qui se met au-dessus de Dieu et de notre Prophète ! Voilà un qui veut violer la liberté de conscience que Dieu m'a donnée. Regardez-le bien pour voir comment il se veut plus intelligent que l'envoyé d'Allah ! Admirez le courage et l'audace que notre Prophète n'a pas eus avec le grand *kafir* condamné par Dieu lui-même, le mécréant Abou-Lahab, qui avait maudit le Prophète et l'islam et s'était moqué de lui en disant qu'il était fou !!! »

« Toute la salle me fixe. Une crainte d'altercation.

« Puis je demande au jeune de me montrer comment son attitude reflète la grandeur de Dieu et sa miséricorde et non son impulsivité et sa violence. J'enchéris encore. Comment en allant vers la violence et non vers une attitude noble, ne donne-t-il pas un faux témoignage au nom de l'islam et n'est-il pas en réalité le vrai *kafir* qui se cache derrière la religion ? Il court vers moi et quelques-uns tentent de l'attraper mais il leur échappe. Nous en sommes presque aux mains. On nous sépare. Puis je pars, prêt à recommencer ailleurs… »

Walid écoutait cette histoire et souriait. Il n'était pas seul à penser de cette manière. Ainsi, on pouvait créer un vrai réseau d'hommes et de femmes qui croient en la valeur de l'islam et qui sont prêts à aller dans l'océan des paroles de miséricorde et à ne pas se contenter de moins d'une cartouche d'encre.

Texte tiré de « Rives et dérives »

CRITIQUE DE LA RELIGION EN OCCIDENT

OBJECTIF : Comprendre les enjeux de la liberté d'expression

Contexte : Promenade sur un sentier boisé aux confins de l'Allier et de la Loire en juillet 2006. Trois amis, Walid, sous l'influence d'un mentor islamiste, Mehdi, musulman plus modéré, et Antoine, un chrétien, discutent de la critique de la religion en Occident. L'affaire des caricatures de Muhammad est citée comme exemple.

Prenant le bâton pour appui, Antoine se mit debout et tous trois continuèrent la marche. Walid…, réfléchit sur les tensions qu'il ressentait, lui, comme musulman vivant en France.

— Mais en Occident, la critique de l'islam est souvent violente, dit Walid en hâtant le pas pour être à côté d'Antoine. Regarde les caricatures danoises du Prophète, On en trouve encore quelques-unes sur internet. C'est une insulte claire vis-à-vis de l'islam et des musulmans.

— Il est vrai qu'en Occident la liberté d'expression existe. Mais cette liberté qui cherche à faire la lumière sur certaines questions religieuses se différencie radicalement des incitations à la haine. Elle s'oppose à la violence et au mépris. Et il ne faut pas oublier que ce sont des incitations punies par la loi tandis que la liberté d'expression est protégée par la loi et aide au progrès social et religieux à travers les dialogues qu'elle peut susciter.

— Mais on peut dire n'importe quoi !

— Non, pour rester dans la liberté d'expression, il y a des limites à ne pas dépasser par ceux qui s'y réfèrent. En cas d'excès, on peut saisir la justice. Mais tout compte fait, la liberté d'expression favorise les impressions subjectives des artistes, des journalistes, des penseurs… face à une situation religieuse précise et ne touche pas objectivement la religion elle-même que dans la mesure où cette dernière veut en tirer profit. Elle est du domaine du virtuel et représente un avis personnel tandis que la réalité d'une religion est d'un tout autre domaine et n'est pas atteinte par l'expression subjective et extérieure.

— On a vraiment dépassé les limites avec les caricatures du prophète Muhammad !

Antoine se souvint de ces événements-là et se rappela les dialogues qu'il avait eus avec Hicham à ce moment-là.

— Walid, avec ton papa, nous avons longuement discuté de cette question. Il ne faut pas donner à une caricature ou à une critique plus d'importance qu'elle n'en a en réalité. L'expression humoristique de quelqu'un sur l'islam, par exemple, ne se confond pas avec l'islam. Nous sommes arrivés ensemble à l'analyse suivante : face à la violence faite à certaines femmes au nom du Coran, il y a eu le film de Théo Van Gogh en 2004. Tes parents ne se sont jamais sentis visés par ce film. Ils se respectent. Ils n'ont pas nié que certains hommes violentent leurs femmes et justifient leurs actes par la religion. Toutefois, ils avaient leurs réserves du point de vue artistique. C'était un premier maillon. L'assassinat sauvage de Théo Van Gogh, à Amsterdam en novembre 2004, avec le message planté sur le corps du réalisateur justifiant le crime et menaçant l'Occident, a ajouté un second maillon dans cette chaîne de réactions.

– Je ne le savais pas !

– C'est vrai, on oublie souvent cet assassinat ! En réaction, aucun dessinateur danois ne voulait prendre une commande pour illustrer un livre pour enfant sur la vie du prophète de l'islam. Mi-septembre 2005, un article parait en Danemark sur la peur profonde de la critique de l'islam. Un autre journal danois fait appel à des caricaturistes et publie dix dessins dans un premier temps dont un représente un homme coiffé d'un turban en guise de bombe, fin septembre. Troisième maillon. En réaction à ces caricatures, des menaces violentes ont été proférées contre les ambassades danoises dans différents pays, demandant la condamnation du journal au risque de rompre les relations diplomatiques et de boycotter les produits danois. Quatrième maillon. Face à cette pression économique et politique sur la liberté d'expression, d'autres journaux européens publient les caricatures dont France Soir. Limogeage du directeur de la publication le jour même 1er février 2006. Puis démission de son successeur, le lendemain.

– Tu me surprends. Il ya eu des publications en France avant *Charlie Hebdo* !

– Ça aussi, on l'oublie souvent ! *Charlie Hebdo* décide de publier les caricatures par solidarité avec les journalistes et en soutien à la liberté de la presse, le 8 février 2006. Amplification des manifestations, des menaces et des violences partout dans le monde. On a donc ajouté un cinquième maillon. Et du coup on a généré une grande confusion dans les discours, les réactions et les responsabilités...

Mehdi resta silencieux et pensait à la mémoire sélective qui peut déformer la vision des faits en omettant des détails importants.

– Les musulmans de par le monde avaient réagi aux caricatures du prophète Muhammad, continua Antoine, et les rues du monde arabo-musulman s'étaient embrasées. Cependant, es manifestations et les violences pour l'affaire des dessins n'avaient pas toutefois un caractère spontané. En effet, un journal égyptien les avait déjà publiés au mois d'octobre 2005 mais ce fut sans réaction. On visait donc l'intimidation de l'Europe et la pression sur la liberté d'expression face à toute critique qui s'adresse à l'islam. L'affaire était au final plus politique que religieuse.

– Oui, je comprends ce que tu veux dire par l'aspect politique dans l'affaire des caricatures, commenta Mehdi. Il est vrai aussi qu'il y a eu deux types de réactions parmi les musulmans. Des invitations au dialogue qui restent du même niveau que le deuxième maillon, comme tu venais de le décrire. Tout comme des violences qui ont ajouté des niveaux supplémentaires ou maillons dans la chaîne des réactions. Mais malheureusement les médias étaient plus sensibles aux foules qui cassent qu'aux initiatives de réflexion. Ainsi, la volonté d'apaisement était, au final, moins spectaculaire que la casse !

– Qu'as-tu ressenti lors de ces événements ? demanda Antoine.

– J'étais très gêné en tant que musulman par cette affaire. Embarrassé par la violence que commettent certains musulmans au nom de l'islam déformant ainsi son image dans le monde et semblant justifier ainsi les caricatures. Désorienté par l'expression transmise dans les caricatures, car elles confondaient l'islam, représenté par le prophète Muhammad et le terrorisme. Et choqué par les mouvements populaires violents qui me semblent manipulés et dont les excès étaient tolérés par leurs gouvernements.

Un moment de silence s'écoula puis Mehdi exprima son énervement par une envie de fumer. Il sortit une cigarette et sans l'allumer il reprit la parole.

— Je me rappelle une personne qui vivait, lui, sa femme et ses dix enfants, aux crochets de l'Etat Britannique dans une résidence de l'Ouest londonien. Il a prononcé à la télé une phrase qui me fait encore froid dans le dos. Il proclamait lors d'une manifestation : « Tuer un « *kafir* » (mécréant) pour quelque raison que ce soit, et même sans raison, est permis ». Quelle idiotie de se considérer le maître de la vie d'autrui et quelle facilité de prendre la place de Dieu, seul Maître de la vie !!! Et certainement ce mec, ferait un scandale à la cantine de l'école de ses enfants si on leur servait du mouton qui n'est pas hallal, c'est-à-dire un animal pour lequel on n'a pas demandé à Dieu la permission de le tuer ! Et que trouve-t-on dans cette déclaration ? L'islam ou sa caricature ?

Grande colère dans son regard, Mahdi s'arrêta, alluma sa cigarette, prit une taffe et accéléra la pas pour rattraper les autres…

— On a donc manifesté violemment et parfois avec barbarie, reprit-il. Et on a ainsi incendié des ambassades et proféré des menaces de mort. Et c'était pour dire quoi ? Que l'islam n'est pas violent !

Rire jaune. Puis il reprit en inspirant profondément une grande bouffée de tabac.

— Et soyons honnêtes. Ce n'est pas la grande caricature de l'islam, tout ça ? Mais, avant les illustrateurs, et leur dessins, c'est nous qui avons caricaturé l'islam avec les violences. Pour moi l'islam doit refléter la sagesse, l'humilité, le choix raisonnable de moyens efficaces et pacifiques. Malheureusement, ce n'est pas cette image de l'islam que l'on a donnée en premier. Avec de telles déclarations et violences, qui sont au final les vrais moqueurs de l'islam, du respect de la vie, de la place de Dieu, de la miséricorde et de la paix que professe notre religion dans son discours ? Un peu d'honnêteté et d'autocritique ne feraient pas de mal !

— Mais, rétorqua Walid, si les chrétiens avaient été à la place des musulmans qu'est-ce qu'ils auraient fait si on avait caricaturé Jésus ?

— Mais penses-tu que les chrétiens en sont épargnés ? l'interpella Antoine.

— On n'en a jamais entendu parler !

— Il y a eu plein de caricatures sur les Papes, sur le Christ, sur les fêtes religieuses… Tu n'as qu'à regarder les journaux satiriques. Lors de la publication des caricatures en France, en février dernier, un collègue m'a apporté un tas de caricatures sur le christianisme pour montrer que certains caricaturistes n'épargnaient personne. Et en même temps, il avouait sa perplexité devant la violence des réactions des musulmans. Tourner en dérision des faits concernant le christianisme se retrouve également au théâtre, au cinéma.

— Comment ça ?

— Tiens donc, quelques exemples récents : un comédien en voulant faire une blague sur le cannabis qui est interdit, alors que l'alcool fait des ravages et est autorisé, dit dans un spectacle que si Jésus au lieu de prendre du vin et de dire « prenez et buvez-en tous », avait pris un joint, et avait dit : « prenez et fumez-en tous », le cannabis aurait été légalisé ; autre exemple, dans le film *Palais royal* la princesse Armelle envoie un SMS à son amant pendant la messe de minuit : « ton petit Jésus dans ma crèche », établissant une comparaison entre Noël et leur relation sexuelle…

Quelques tiges d'ortie débordaient sur le chemin. Walid les brisa avec son bâton pour qu'elles ne piquent pas les passants.

– Et on a laissé les comédiens se moquer de Jésus ?

– Il y a eu des réactions, discrètes et efficaces sans recherche du spectaculaire et sans violence, et qui ont pris des formes variées.

– Comment ?

– Répondre directement en utilisant le même langage satirique, ne pas acheter le DVD du spectacle, refuser d'aller voir le film, écrire dans un journal, écrire au producteur, mettre des appréciations sur Internet… Mais il n'y a pas eu de manifestations collectives dans les rues.

– Pourquoi cette discrétion ?

– Les leçons du passé ont été bien apprises.

« En 1988, expliqua Antoine, lors des manifestations contre le film « La dernière tentation de Jésus » de Martin Scorsese, certaines personnes intégristes ont profité de cette agitation pour mettre le feu dans quelques salles de cinéma. D'une part, c'était barbare, criminel et idiot, et d'autre part, cela n'a pas eu d'autre effet que de renforcer l'image violente des manifestants. Que Jésus soit représenté, dans ce film, comme un homme normal désirant fonder une famille avec Marie-

Madeleine, ne préférant pas accomplir sa mission et voulant échapper à la mort sur la croix, cela ne touche en rien à la réalité historique et à la foi chrétienne. Une telle expression ne change en rien le fond des choses.

« Le Christ, ainsi que la foi en lui ne se font pas atteindre par une expression déviée, caricaturée ou satirique. Celle-ci ne représente que son auteur. Sur le fond, Jésus reste hors de toute atteinte et n'a pas besoin d'être défendu. Sa gloire est dans ce qu'il a fait, dans sa résurrection et dans la vie éternelle qu'il nous offre et ne se trouve nulle part entachée ou mise en question par des caricaturistes, écrivains, cinéastes…, aussi acharnés soient-ils contre lui.

« L'expérience a montré que la solution d'un problème dont la forme d'expression est l'art ou la parole, doit passer par l'art ou la parole. Une expression verbale contre une expression verbale. Picturale contre picturale. On a fait un film déformant la vérité, faisons donc un meilleur film qui montre la réalité des choses. On a écrit un livre, écrivons-en un autre ; on a fait des caricatures, faisons d'autres dessins. Montrons que la réalité est le contraire de ce qui est exprimé. Gardons toujours nos réponses dans le registre de l'expression artistique, humoristique, satirique… voire de la critique, ou laissons tomber quand cela ne vaut pas le coup...

« Tuer, brutaliser ou incendier pour protester contre une expression artistique ou verbale, mélange les registres et allonge la chaîne des réactions, voire peut provoquer des réactions en chaîne. Ainsi, on n'est plus dans le registre de l'expression, mais est dans celui de la violence et du crime. La violence vis-à-vis de ces personnes est injustifiée, condamnable et catégoriquement refusée. Rien ne remplacera le dialogue. »

– Mais ça a choqué le monde musulman de représenter le Prophète Muhammad avec une bombe dans la tête ? s'indigna encore Walid.

Déjà, en islam, on ne le représente pas. C'est interdit ! Il est au-delà de n'importe quelle représentation.

— L'islam n'a toujours pas interdit les représentations de son prophète. Officiellement il est aniconique dans la décoration des mosquées et les impressions Coran. Cependant, on trouve des illustrations d'avant le XVème siècle avec le visage du prophète non voilé dans des livres ou manuscrits. Mais indépendamment de cette question, penses-tu réellement que Muhammad et l'islam ont été affectés par cette représentation caricaturée ?

*

Walid se tut un moment, cogitant cette question. S'il disait oui, il prouverait que l'islam et son prophète Muhammad, étaient fragiles et vulnérables. Et s'il disait non, il devrait justifier les manifestations des musulmans partout dans le monde. Ne trouvant pas de réponse satisfaisante, il renvoya la question à Antoine.

— Et toi, comment as-tu réagi aux comédiens qui blaguaient sur le vin et la crèche ?

— A mon niveau, je trouve qu'il y a ici une invitation indirecte à la recherche de sens, même si l'intention directe était plutôt l'humour. Quand on commente ces passages, je précise que c'est dommage que l'on ne se soit pas trop posé la question : « Qu'est-ce que je perdrais si j'enlevais cette blague concernant Jésus de mon spectacle ou de mon film ? Et qu'est-ce que cela apporterait si je la gardais ? » Je me rappelle en avoir parlé avec Olivier mon associé.

— Et alors ?

Un sourire se dessina sur le visage d'Antoine.

– Olivier avait vu *Palais royal*. Son avis était de prendre cette expression en humour ou de laisser tomber. Tout est décalé dans ce film : une personne ordinaire, loin du milieu politique, se trouve propulsée au rang de la femme d'un roi. Et tous les aspects de sa vie, y compris religieuse, s'en trouvent affectés.

– Et sur le cannabis au lieu du vin ?

– J'étais tordu de rire. Il m'a dit que ce comédien devrait se mettre à jour dans la connaissance des évangiles. Car, quand Jésus avait transformé l'eau en vin, c'était le premier miracle de Cana. Et puis l'Evangile nous dit qu'il était revenu à Cana et qu'il y avait fait un second miracle.

– Et c'était quoi ? demanda Walid.

– Tu as posé la même question que moi !

– Et quelle a été sa réponse ?

– Le second miracle de Jésus à Cana, c'était le « Cana Bis ».

– En deux mots, je préfère ! dit Medhi en s'esclaffant.

Ces sourires donnèrent pendant quelques minutes une légèreté à la discussion puis le ton sérieux reprit le dessus.

– Mais quel effet ces petites réactions discrètes des chrétiens vont-elles avoir ? demanda Walid.

– Elles ouvrent une porte de dialogue et de réflexion avec le milieu artistique, pour corriger leur expression si elle dévie vers la haine ou vers le non-respect. En même temps, c'est une chance pour les chrétiens, car cela doit les interpeller sur les événements qui traversent l'Eglise ou qui les concernent, et qu'ils doivent intégrer dans leurs échanges et questionnements.

− Comment ça une chance ?

− Toute critique de l'Eglise, épurée de la haine et du non-respect, est intéressante car elle lui renvoie une image. A titre d'exemple, caricaturer Jésus les bras cloués, était une interpellation des chrétiens sur un sujet pour dire que Jésus aurait fait autrement si on lui avait laissé les mains libres. La caricature invite à réagir en exagérant les traits. Maintenant pourquoi on réagit avec le dialogue ou avec la violence, cela n'est pas du ressort du caricaturiste ! C'est aux chrétiens d'adapter leur réaction en expliquant la vérité derrière l'exagération ou en se mettant en question.

− Mais vous, les chrétiens, vous tolérez beaucoup de choses. Je te jure que si on représentait Jésus pendant le dernier repas mangeant des yaourts, ou portant des chaussures, pour en faire la publicité, vous le laisseriez faire !

− Non, Walid, pas sûr. l'Etat réagirait rapidement. Et à la demande des chrétiens, il y a eu des publicités interdites.

− Pourquoi ?

− Car, dans la publicité, on quitte le registre de la liberté d'expression qui favorise le débat social pour entrer dans celui du commerce. On n'est plus dans l'expression des idées mais dans l'utilisation du sentiment religieux à des fins commerciales. La liberté d'expression n'est par rattachée à une fin commerciale. Je tiens à préciser que pour les religions, les déformations publicitaires sont plus dangereuses que les caricatures ou les blagues car elles aplatissent le sentiment religieux et le délitent alors que la liberté d'expression le maintien en éveil !

Mehdi reformula à haute voix ce qui venait d'être dit.

— Tiens donc ça m'intéresse, ajouta-t-il. Je ne voyais pas le danger de la publicité s'il n'y avait pas de caractère haineux, pornographique ou violent.

— En reproduisant par exemple une scène de la vie de Jésus, la publicité utilise la symbolique religieuse à ses fins. Or, la symbolique religieuse a pour rôle essentiel de faire exister les gens entre eux à travers les échanges et les dialogues. Elle les aide à donner un sens à leur vie, à leur existence, à leurs souffrances… Elle les oriente vers le partage avec les autres : partage de biens, de temps, de démarches, d'expériences, de paroles, d'impressions, de désirs...

— Je vois ! Ce n'est pas le même but. Celui de la publicité est mercantile et sa ligne de conduite incite à ce que les gens consomment davantage.

Antoine trouva un caillou très coloré. Il s'arrêta, le déplaça de quelques centimètres et le retourna avec son bâton avant de le ramasser. Puis il l'observa et le montra à ses compagnons. Il avait de belles couleurs. Walid regarda tout autour pour voir d'où il avait pu se détacher. Aucune grosse pierre apparente colorée n'était visible. Antoine le lui donna comme souvenir de cette marche.

« Dans la publicité, reprit Antoine, la symbolique religieuse est utilisée en tant que support de vente, c'est à dire, orientée vers l'émergence, chez le consommateur, du besoin d'acheter. Elle est déformée pour renvoyer les gens vers l'objet à acheter et non vers l'échange et le partage. Elle devient donc un instrument pour réaliser un but commercial. Le danger dans cette déformation est de situer la symbolique religieuse au niveau de la sensibilité, de l'émotivité et de l'impulsion, toutes trois utilisées comme vecteurs publicitaires, et de la couper de la recherche intérieure.

« Dans le marketing, le sentiment religieux est considéré comme source de besoins ponctuels et passagers qui incite à l'achat, au lieu de l'être comme interrogation continuelle et indémodable stimulant la recherche intérieure et l'ouverture sur les autres. On renferme donc l'homme dans ses besoins primaires de consommation. On n'ouvre plus l'humain à son intériorité, ni aux autres, ni à ses désirs profonds, ni à ses interrogations existentielles… ni à la recherche de sens.

« Cette utilisation du sentiment religieux est dangereuse ! Les attitudes vis-à-vis de ce qui est religieux deviennent donc plus superficielles, moins intériorisées, moins réfléchies ! La symbolique religieuse est niée dans sa fonction essentielle. Elle ne renvoie qu'à l'achat de produits et surtout des produits de marque qui deviennent le support pour exister, mieux vivre et se distinguer.

« Contrairement à la publicité, les caricatures et les blagues ne coupent pas la symbolique religieuse de sa fonction d'être catalyseur de la recherche intérieure. Elles critiquent et amplifient certains aspects religieux afin de renvoyer aux lecteurs, auditeurs ou spectateurs, une image ayant pour message de leur dire comment ils sont perçus, et pour effet de provoquer une autocritique ou de faire rire. Il n'y a pas de danger pour la religion dans la liberté d'expression. Au contraire, elle est affirmée comme faisant partie de la réalité des gens et elle est interpellée sur tel ou tel de ses aspects. Au lieu de s'en prendre aux journalistes, acteurs ou caricaturistes qui évoquent un problème, la religion est appelée à réagir pour clarifier la question évoquée, et favoriser le dialogue et l'autocritique internes… Et cela la rend de plus en plus cohérente, proche de la vie des gens, transparente et crédible…! »

Walid balançait la pierre colorée d'une main à l'autre. Cela le rassurait. Il se sentait dépaysé en découvrant l'affaire des caricatures sous un autre angle. Il hésita un moment puis il reprit.

— Je ne suis pas capable de juger de la publicité. Mais les caricatures et les blagues sur les religions ne sont-elles pas aussi dangereuses quand elles ont un caractère obscène ou violent ?

— Si, quand les caricatures causent un préjudice personnel ou moral, les tribunaux peuvent être saisis. Mais quel préjudice subit Jésus quand il est caricaturé, s'il est hors d'atteinte ?

— Mais il peut y avoir un effet sur les croyants, car cela pourrait affaiblir leur foi, comme je l'ai entendu dire.

— Ecoute Walid, répondit-il. Si la foi en Jésus se démontait par une page de journal ou par un dessin, il faudrait absolument que les chrétiens en revoient les bases. Et c'est vrai pour toute religion et tout courant de pensée.

Extrait tiré de « Entre les deux Rives »

L'IMMINENCE DU CHATIMENT DIVIN

OBJECTIF : Comprendre la vision du monde qui est donnée dans le processus de fanatisation

> *Contexte : Cédric, un jeune qui a rejoint les rangs des djihadistes et qui devait préparer un attentat y renonce grâce à une rencontre qu'il a faite. Il part loin de Paris et réfléchit sur son cheminement. Zeid, son ami saoudien juge très excessifs son zèle et son engagement dans les courants salafiste et djihadiste. Il l'accueille à Saint-Raphaël et ils visitent ensemble les villes côtières. Zeid souhaite aider son ami à prendre du recul par rapport à sa vie mais ce dernier est souvent pris par une angoisse face à un sentiment d'urgence.*

Nos visites des villes côtières étaient l'occasion de longs échanges entre Zeid et moi... Je me sentais de plus en plus serein. Cependant une lame de fond, jaillissait, de temps en temps, la nuit, avec les images de l'actualité à la télé saoudienne et sur les chaînes arabes. Les informations me projetaient encore en Syrie et créaient en moi une pression terrible, me faisaient encore ressentir l'imminence de l'heure pour châtier le monde et faire triompher l'islam. Les guerres, les morts, les conflits dans le monde musulman…, ne servaient pas l'islam. C'était le signe de la confusion.

Je me retournais dans mon lit un soir, et le souvenir d'une séance de formation avec El-Chami éblouit ma mémoire et je le revis comme si j'y étais encore. Je vis la vidéo regroupant les points noirs du monde qui avait été projetée à l'atelier lors de cette soirée débat et El-Chami menait la réflexion.

« Si l'heure arrive et que les gens ne se sont pas convertis, c'est que le délai qu'Allah leur avait accordé, était arrivé à son terme. Il aurait terminé son choix et sauvé qui il voulait.

« Alors, le reste sera exterminé.

« L'heure est imminente.

« Le combat contre l'anti-Christ se déroule actuellement à Damas.

« Certains musulmans, ne veulent pas le voir, tels que les amis Saoudiens de Cédric qui n'osent pas aller jusqu'au bout pour s'engager. »

Il me fit un signe de la tête accompagné d'un sourire et il ajouta :

« Beaucoup de musulmans s'obstinent dans leur erreur. Je ne vous demande pas de m'obéir aveuglement. Vous avez un critère que je n'ai pas inventé : votre jugement. Utilisez-le et demandez-vous quels sont les signes de l'heure ! »

*

Une vidéo regroupant les points noirs du monde fut ensuite projetée à l'atelier lors de cette soirée débat. El-Chami menait toujours la réflexion.

« Le monde a tellement fauté que les châtiments peuvent pleuvoir de partout.

« En finance, les crises peuvent faire basculer l'ordre du monde et mettre des pays en faillite…

« En économie, l'homme est devenu sujet et objet de consommation, perdant le sens de son existence.

« En justice, ou plutôt injustice, les lois sont du côté des plus forts et divisent le monde entre arnaqueurs et arnaqués, entre riches, ultra-riches, pauvres, ultra-pauvres et laissés pour compte.

« En écologie, les glaces fondent, les mers et les océans sont pollués, les atmosphères sont irrespirables, sources de maladie. La terre est pleine de pesticides et contaminée pour des dizaines de milliers d'années par des radiations nucléaires.

« En ordre naturel, les familles s'ébranlent.

« En sexualité, la débauche et l'homosexualité sont partout.

« En éducation, malgré le sexe apparent, on ne sait plus si on est homme ou femme.

« En génétique, l'homme modifie les gênes des vivants.

« En recherche de plaisirs artificiels, la consommation d'alcool et de drogue sont en croissance perpétuelle….

« Voilà le triste tableau de notre humanité… »

El-Chami conclut son discours sur cette vidéo de frissons.

« Comme un lion qui tient sa proie et l'écrase, affolant tout le troupeau qui s'éloigne du danger, Allah agira dans ce monde pour le redresser. Il sauvera sa communauté de cette société pervertie et la mettra à l'écart car elle n'est pas dans l'ignorance, mais dans la vérité et le savoir de ce qui est le bien du monde. Sa vraie communauté est loin de la fornication et de la consommation d'alcool… »

*

Je me voyais rentrant chez moi avec un livre qui traitait des signes de l'heure et que je dévorai en une journée. J'acquis de nouvelles certitudes et je commençai à voir des signes m'encourageant à m'engager. Il y en avait quatre.

La disparition du savoir.

L'apparition de l'ignorance.

La consommation du vin.

La propagation de la fornication.

C'était clair et évident. Le monde allait mal. Je l'avais senti mais je n'avais pas réussi à le nommer. Les interventions de Jawad, appuyées par ce livre, me réveillèrent. On m'avait ouvert les yeux sur le monde.

Les hommes essayaient d'échapper à Allah. Mais c'était illusoire. Il était certainement en colère.

Une brise légère me fit revenir à moi-même, je m'endormis en me disant qu'il y avait urgence à agir.

*

Je m'en ouvris à Zeid un soir dans un restaurant. Il me fixa d'un regard paisible et plein de vie.

« Cédric, tu n'es pas le maître du temps. Dieu seul sait quand ce sera l'heure d'inonder le monde d'amour et de miséricorde.

« Dieu n'a pas besoin d'inonder le monde par la brutalité. Les hommes sont capables de le faire. La télé t'en montre des milliers d'exemples. Si Dieu était aussi brutal que l'homme, en quoi serait-il Dieu ?

« En revanche, sa miséricorde pour le monde montre qu'il est Dieu car combien il est difficile de pardonner entre les hommes, au sein d'une même famille, entre frères et sœurs, entre enfants et parents, entre voisins et cousins…

« Il n'y a que l'Eternel qui peut être, réellement et infiniment, amour et miséricorde. C'est pourquoi Dieu est Dieu. »

Je ne pouvais pas le contredire. Je ne répondis rien et il poursuivit.

« Je pense que tu es encore sous l'influence de ce que Fahd t'a appris. Mon frère réagit à ce qu'il voit dans le monde.

« Les hommes sont plus soucieux de ce que les autres pensent d'eux que du fait de connaître la pensée de Dieu. Ils se débrouillent pour être bien vus les uns des autres. Mais ils oublient le regard de Dieu…

« Et c'est vrai… Fahd a raison. Mais, c'est aussi sur ce point qu'il a tort.

« Pour lui, le regard de Dieu est un regard vengeur, accusateur, châtieur, colérique, égoïste, besogneux… qui veut que les hommes l'adorent et pour cela, il les a créés, comme s'il était en manque de gloire et d'adoration. »

Zeid expliquait.

« Fahd déforme l'image de Dieu en s'accrochant à la lettre du Coran, en divinisant un livre qui s'imprime avec moins d'une cartouche d'encre et en oubliant l'océan d'encre qui serait insuffisant pour écrire la parole de Dieu.

« Il a choisi ce qui est écrit avec une petite fiole d'encre. Il est donc perdu et tourmenté. J'ai choisi de chercher les paroles de Dieu que des océans d'encre ne suffisent pas à coucher sur des feuilles et j'ai gagné en sérénité. Et je pense en finir progressivement avec ma vie désordonnée… Mais, lui avec sa vie très ordonnée, il n'est jamais en paix… Dis-moi : ne pas être en paix n'est-il pas problématique ? »

Je ne répondis rien. Il bougea son couvert et reprit après un court silence en me fixant : « Et toi, es-tu prêt à faire des choix ? »

Je rétorquai que moi, c'était une autre histoire et que j'avais besoin de relire ma vie pour y voir plus clair.

Texte tiré de « 360° sous le soleil d'Allah »

LE REFLEXE TRIBAL

OBJECTIF : Apprendre à fonder son action comme individu

> *Contexte : Lyon, fin septembre 2006. Walid, jeune adolescent musulman, qui a été influencé par un islamiste, cherche une autre manière de concevoir sa religion. Lors d'une visite à son ami Mehdi, il rencontre son voisin encore échaudé par le discours de Benoit XVI le 12 septembre à Ratisbonne sur la foi et la raison.*

A la rentrée, Mehdi avait été renversé par un cycliste imprudent et il était obligé de rester chez lui à cause d'une entorse. Quand Walid passa le voir, un soir après ses cours, il trouva sur sa table de chevet un tas de journaux qui traitaient du discours de Ratisbonne de Benoit XVI et des réactions violentes qui s'en étaient suivies, entraînant ainsi la mort de deux chrétiens en Irak, d'une religieuse en Somalie et l'incendie de plusieurs Eglises en Palestine. Il venait de lire le discours du Pape et regardait tout spécialement les paragraphes qui concernaient l'islam. Il tentait de comprendre ce qui s'était passé. Un voisin de passage comprit que Walid était musulman et il en profita pour faire un commentaire.

— On a beau être gentils avec les *kafirin*, (les mécréants), ce ne servira à rien. Même leur Pape lie la foi musulmane à la violence et parle de la propagation de l'islam par l'épée et la guerre.

— As-tu au moins lu le discours pour savoir ce qu'il a dit ? rétorqua Mehdi.

— Non, mais s'il avait dit quelque chose de bien, personne ne serait descendu dans la rue.

— Et comment fais-tu la différence entre la propagande et la vérité ?

— Je ne sais pas. Mais je dois soutenir ma religion partout dans le monde, là où je suis. Le Prophète a dit qu'il faut soutenir son frère musulman. Et c'est mon devoir.

— Ça m'étonnerait que le Prophète ait dit seulement ça !

Le voisin sourit très étonné. Puis, il regarda en direction de Walid pour trouver une approbation.

— C'est très connu ! affirma-t-il.

— Ce que tu dis s'appelle l'esprit de clan, l'esprit tribal, qui ressemble à l'esprit de meute et qui est très détesté par notre Prophète, enchaîna Mehdi. Il a comparé cet esprit à un chameau mort. Penses-tu qu'il voyait les vrais musulmans comme des chameaux morts que l'on tire par la queue pour les sortir du gouffre ?

— Alors quel est le sens de « secourir ton frère qu'il soit oppresseur ou opprimé ?

– Ça me convient mieux quand tu le dis en entier. Cette parole a un sens qui n'est pas celui de l'esprit tribal. Elle invite au discernement de ce qu'est la justice.

– Comment cela ?

Mehdi se redressa dans son fauteuil et demanda à Walid de l'aider à soulever son pied. Puis il reprit.

– Alors écoute la réaction du vrai musulman à cette parole : « Secours ton frère qu'il soit oppresseur ou opprimé ». Un homme demanda au prophète : « Ô Messager d'Allah ! Je le secours s'il est victime d'une injustice, mais s'il est oppresseur, comment pourrais-je le secourir ? » Le Prophète répondit : « En l'empêchant de commettre l'injustice, et en cela, tu l'auras secouru ». A ton avis est-ce que la mort de la religieuse et de ces deux chrétiens, tout comme l'incendie des églises était un acte juste ou injuste ?

– Je ne sais pas !

– Il faut que tu réfléchisses. C'est l'appel du Prophète et si tu l'aimes tu dois faire au moins l'effort de te poser la question : Est-ce que c'est juste ou injuste ?

– Mais le Pape n'a pas respecté l'islam !

– Et alors, c'est pour cela que l'on tue une religieuse et deux chrétiens !

– Oui, il faut qu'il comprenne que l'on ne touche pas à l'islam !

– On ne cherche donc pas à trouver le responsable ni à établir la vérité et la justice. On s'indigne que l'on nous ait reproché d'être violents, en commettant la violence et on attaque le premier venu dans le clan du Pape. On réagit donc en fonction de l'esprit tribal.

Le voisin se sentit gêné et bougea dans son fauteuil.

– Alors, l'interpella Mehdi, dis-moi franchement, les milliers de personnes que tu vois manifester derrière l'assassin de la religieuse, crier avec les tueurs de ces deux pères de familles, féliciter ceux qui ont incendié les églises…, sont-ils au regard de notre Prophète de vrais croyants ou des chameaux morts ?

– Je pense que je dois m'en aller car ma femme m'attend, dit le voisin en se levant.

– Je sais que mon discours t'énerve. Mais pose-toi cette question sur ces manifestations violentes : on est en face d'un groupe de chameaux morts ou de croyants ? Ne me réponds pas tout de suite. Dans tes moments d'ennui ou d'insomnie, pose-toi la question du regard de notre Prophète sur ce que tu as fait, dit ou pensé. C'est important que tu sois en vérité par rapport à la justice et l'injustice. C'est important de voir ton image auprès de lui : un chameau mort ou un vrai croyant qui cherche la vérité, la responsabilité et la justice.

Après le départ du voisin, Walid demanda à Mehdi.

– C'était un peu fort pour lui ! Non ?

– Non. Tu ne dois pas accepter que l'on endorme la conscience des musulmans par des soi-disant vérités. Le soutien du frère au lieu d'être une recherche de la justice et de la vérité, devient un esprit de clan. Et du coup on ignore pourquoi on manifeste, ni ce que l'on fait en manifestant. J'ai lu le discours du Pape…

– Et qu'as-tu trouvé ?

– Il parle de raison et de la foi personnelle qui est le fruit de l'âme. Il ne parle pas de religion. Il dit que la violence et la foi sont incompatibles, et que la violence n'est pas un chemin qui mène à la conversion, ni à la foi. Celui qui veut conduire quelqu'un à la foi, a besoin de la capacité de bien parler et raisonner correctement et non de la violence et de la menace. Si j'ai bien compris, ce que l'on appelle les grandes conversions dans l'histoire étaient plutôt dues aux appartenances politico-religieuses qu'au cheminement dans la foi. Et par conséquent, il n'est pas de l'avis de l'empereur qui voit la foi musulmane se propager par l'épée. Il qualifie clairement ce raisonnement « d'étonnamment abrupt ». Au fond, il le conteste. Et, si je n'abuse pas, il fait la distinction entre appartenance religieuse et foi. Et Benoît XVI aborde la foi. Et le thème de son intervention est « foi et raison » et non « religion et raison ».

– Et tu l'approuves ?

– Oui ! Que les conquêtes militaires aient eu lieu dans l'histoire ; tous les empires l'ont fait. Que des gens choisissent par intérêt ou par peur d'appartenir à la religion du roi ou de l'empereur, cela est toujours possible. Mais embrasser une foi, c'est autre chose. Il y a des peuples conquis par l'islam, les Coptes par exemple, qui n'ont pas changé ni de foi ni de religion tout comme les pays musulmans en Afrique du Nord conquis par les puissances coloniales de l'Occident, qui ne sont pas devenus chrétiens. L'épée de l'envahisseur terrorise, mais l'expérience de la foi qui fait de toi un ambassadeur de la miséricorde de Dieu, libère. Là, c'est une démarche personnelle. Chacun peut choisir cette mission ou ne pas la choisir ; endurer la violence et la souffrance, voire subir la mort pour garder sa foi ou abdiquer… C'est la liberté de conscience des humains.

– Pour toi, changer de religion n'est pas forcement embrasser une autre foi ?

– Non, car pour des raisons de survie ou de peur, on peut afficher l'appartenance à une religion et avoir secrètement une foi différente. Cela incite souvent à former des sectes ou des groupes cachés. Et c'était le cas partout où l'on a persécuté des gens à cause de leur appartenance religieuse, comme les alaouites et les druzes en milieu musulman au Moyen-Orient et les catholiques en milieu bouddhiste au Japon au XVIIème siècle. Mais, si par la violence on peut imposer ou interdire telle ou telle appartenance religieuse, ce n'est pas par la violence que l'on accède à la foi. Et là, je suis d'accord avec Benoît XVI.

Texte tiré de « Rives et dérives »

TUER LES AUTRES ET SE TUER POUR ALLER AU PARADIS EST UN MENSONGE

OBJECTIF : Identifier la dérive sectaire et la culture de la mort

Contexte : Lyon, juillet 2006. Walid, jeune adolescent musulman, qui a été influencé par un islamiste, a installé un site internet. Sa mère Samar, inquiète du comportement inhabituel de son fils, décide de fouiller dans sa chambre.

Samar avait du mal à s'endormir.

Son livre sur les adolescents parlait tout le temps de la relation de confiance à établir avec eux. Elle se demandait comment faire avec Walid, s'il ne disait rien de ses problèmes. Elle ne savait pas s'il affrontait une difficulté dont la solution le dépassait ou si c'était seulement une attitude d'adolescent révolté ! Comportement difficile à décoder !

Les coups de fils anonymes, à répétition depuis quelques jours, aiguisaient encore plus ses ressentis. Ils assombrissaient la perspective. Qui ? Pourquoi ? Dans quel but ? Elle se trouvait sans lumière. Sans horizon. Sans angle de vue. Sans aucune prise sur la situation… Et cela la rendait malade !

Tourmentée par ces questions, elle se décida enfin à gagner la chambre de Walid. Elle regardait partout dans cette pièce. Rien d'anormal ! Elle commença à mettre un peu d'ordre. Une feuille froissée se trouvait à côté de la poubelle. Elle le déplia. Il y avait une adresse Internet. Elle alluma l'ordinateur et la tapa. Les pages d'un blog d'adolescent s'ouvrirent lentement. Plein de mots et de photos humoristiques accompagnés de commentaires : j'adore ; c'est génial ; regarde tel site, il y a des choses marrantes…

Rien de méchant.

Samar avait mauvaise conscience d'être entrée dans l'intimité de son enfant. Elle fut tentée de regarder les autres adresses sur cette page mais elle s'y refusa par acquis de conscience. Elle quitta la page et voulut éteindre l'ordinateur.

Souris pointant sur le bouton d'arrêt, elle changea d'avis avant d'appuyer dessus. Un commentaire lui avait semblé bizarre sur le blog. Il était en arabe mais écrit en alphabet latin. Elle cliqua sur tous les liens pour le retrouver. Elle naviguait d'un blog à l'autre. Un goût d'ésotérisme et une fascination pour ce qui n'est pas ordinaire se dégageaient de ces pages qui ne correspondaient pas aux centres d'intérêt de son fils.

Elle finit par récupérer ce commentaire bizarre. S'y trouvait un lien vers une autre page internet. Samar l'ouvrit. Elle tomba sur une page en arabe et un titre surprenant : « Jour du châtiment divin ». La connotation extrémiste camouflée par ce langage religieux tiré de l'islam l'effraya. Internet pouvait, à son insu, faire rentrer chez elle des idées qu'elle avait toujours refusées et combattues. Devant ces incitations à la haine et à la violence, elle sentit l'angoisse l'envahir entièrement.

Les pages de ce site défilaient sous le regard affolé de Samar qui scrollait très vite. Certaines avaient trait à l'enseignement de l'islam. D'autres encore évoquaient la mort et le *djihad*. Puis elle effectua un retour rapide sur quelques pages pour regarder les vidéos proposées : des décapitations et des mises à mort de soldats russes en Tchétchénie et américains en Irak ; des exécutions de collaborateurs ; des attaques contre des convois militaires et la liquidation des survivants…

D'autres vidéos présentaient des témoignages. Ceux de jeunes islamistes avant de se faire exploser. Ceux de leurs mères. L'une disait que Dieu ne lui avait pas encore accordé la grâce d'être une mère de martyr. L'autre, qu'elle était heureuse d'aimer sa religion plus que son fils et qu'elle n'avait pas pleuré quand on lui avait annoncé que son enfant s'était fait exploser.

Samar était tétanisée devant ces images. Elle revint vers la page du blog renvoyant à cette adresse. L'auteur qui invitait à visiter ces pages, signait : Dilaw. Quelque chose la perturba : cette signature n'était-elle pas l'anagramme de Walid à l'envers ?

Elle cliqua sur le site du « Jour du châtiment divin » et fouilla les autres pages. Il y avait des cours sur l'autodéfense avec les armes blanches. Des pages expliquant les armes à feu, leur classification et leurs utilisations. Des photos d'armes. Elle remarqua plusieurs photos d'un pistolet porté à la main. Sur le flanc ou dans une veste. Elle les regarda de plus près. Contrairement aux autres photos récupérées sur internet, celles-ci étaient de qualité moyenne, comme si elles étaient prises avec un téléphone portable.

Certains détails inquiétèrent Samar. La veste ressemblait à celle de Walid ! Elle revint vite sur d'autres photos. Elle regarda celle de l'arme portée sur le flanc : il y avait là un blue-jean, rien de plus courant... Elle ressentit une inquiétude plus forte quand elle reconnut un polo semblable à celui de Walid. Puis, le sol de la photo où l'arme est portée à la main lui parut très familier. Elle regarda celui de la chambre de son fils…, et eut la sensation que l'immeuble s'effondrait sur elle.

Malgré sa fatigue, Samar ne voulait pas dormir... Elle pensait à Walid et voyait qu'il lui échappait progressivement. Pour elle, c'était insupportable. Elle ne pouvait que penser au pire et elle se catastrophait à l'idée de le voir embrigadé par quelqu'un qui lui commanderait à commettre des assassinats, de poser des bombes ou de se faire exploser quelque part. Elle voulait croire que c'était la pure imagination, mais la page sur les mères des martyrs du site internet de son fils la ramena à son inquiétude. Pourquoi donc cette page ?

« Ce qui peut faire peur de la mort, ce n'est pas la mort en elle-même, mais le mal que l'on inflige par sa disparition aux autres ! » se disait-elle. Voir ceux qu'on aime souffrir est insupportable et surtout à cause d'une action personnelle. Le frein à la manipulation est souvent familial. Tant de pensées de délinquance et de violence sont finalement restées sans passage à l'acte rien qu'à l'idée de voir pleurer une mère… Alors pourquoi diffuse-t-on ces vidéos qui disent que ces mères étaient heureuses d'être des mères de martyr et d'autres qui disent qu'elles étaient tristes parce qu'elles ne l'étaient pas encore ? Elle pressentait le danger. Non seulement on voulait convaincre les gens que se couper de leurs familles au nom de la foi était une bonne chose, mais aussi qu'en se tuant et en tuant les autres au nom de la foi, les rendraient heureuses!!! C'est absurde ! Et pourtant ça existait sur le site de son fils !

Une insomnie s'empara de Samar. Elle serait partie affronter ces fabricants de vidéos sur le martyre mais elle ne savait ni qui, ni où, ni comment. Cela la faisait tourner en rond comme une lionne dans une cage.

*

Le lendemain, en traversant une rue pour se rendre au bureau après avoir garé sa voiture, Antoine croisa Samar. Elle sortait d'un magasin. Ils se mirent à discuter…

– Walid m'inquiète énormément. Mais je ne sais pas si c'est le moment de t'en parler.

Le sujet était très grave pour elle. Elle avait besoin de se confier. Ce qu'elle avait lu et vu sur les mères des martyrs en islam l'affolait. Antoine sentit son inquiétude et vit ses yeux briller comme si elle retenait ses larmes. Il pensa un moment à ce qu'il devait terminer et en même temps il ne pouvait pas la laisser partir dans cet état. Il lui proposa d'aller discuter dans un café pour tenter de savoir si c'était une petite goutte qui faisait déborder le vase ou s'il y avait vraiment matière pour s'inquiéter. Elle s'en ouvrit à lui.

– Samar, je comprends ton inquiétude qui me rejoint en même temps. Tuer les autres et se tuer au nom de la foi, cette idée me pose vraiment problème. J'y ai beaucoup réfléchis. Pour moi c'est inconcevable, car incompatible avec la foi !

– Moi, je ne peux pas l'accepter comme mère. Voir mon fils se faire exploser et tuer les autres pour avoir le Paradis me révolte. Mais je n'ose pas en parler à d'autres.

– Personnellement, je ne sais pas vraiment que couvre la notion de Paradis. Mais je sais qu'il n'y a qu'une seule éternité qui est celle de Dieu. Que l'on soit, après cette vie, au paradis ou dans un autre lieu, on est appelé, au final, à partager la vie divine. Depuis mardi soir, suite à l'invitation de Hicham pour que je devienne musulman afin d'aller au Paradis, je me pose cette question : Aller au paradis ?

d'accord, mais, en fin de compte, s'il n'y a d'éternel que l'Eternel où va donc le paradis si ce n'est en Dieu ?

Samar ne s'était jamais posée une telle question. Elle réfléchit un instant puis sans trop aller dans les détails, elle répondit.

– Oui, je suppose que « aller au paradis » c'est partager la vie de Dieu ! Continue, je t'écoute.

– La question qui est à se poser est la suivante : Se faire tuer ou tuer les autres au nom de la foi est-ce un acte à nous faire participer au final à la vie divine ? Promettre le paradis à ceux qui commettent des attentats suicides, c'est donc leur mentir à ce sujet.

*

Samar se tut un moment et reprit :

– Je m'accroche à toute idée qui peut m'enlever la peur de voir mon fils se tuer ou tuer les autres. Continue.

– Personnellement, je crois que pour participer à la vie de Dieu il faut que les actes commis soient de nature à nous rapprocher de lui.

– Comme quoi ?

– Si on dit que l'Eternel est amour et qu'il est miséricordieux alors c'est la miséricorde et l'amour qui nous rapprochent de lui et qui nous font participer à sa vie. Un attentat suicide n'est pas de nature à nous faire participer à la vie de Dieu, quels que soient ses motifs.

– Sérieusement celui qui veut mourir pour la foi n'a-t-il pas droit au Paradis ou à la vie avec Dieu ?

– Est-ce que la foi est de nature divine ?

Samar se tut un moment, surprise. C'était inhabituel comme question. Elle fut tentée de répondre machinalement : « Oui, la foi sauve ! ». Mais en réfléchissant, elle sentait un flou dans ses idées. Elle avait besoin d'un autre éclairage.

– Je suis dans le brouillard en ce moment, dit-elle. Mais je t'écoute.

– Quitte à décevoir beaucoup de gens qui pensent le contraire, la foi n'est pas de nature divine !

– Pourquoi ?

– Parce ce que quand tu seras devant Dieu, tu n'auras plus besoin de croire en lui. L'acte de croire disparaîtra. Il n'y aura plus vraiment besoin de croire. La foi n'est donc pas de nature divine.

– Alors à quoi sert donc la foi ?

Antoine s'était déjà posé la question sur l'utilité de la foi. Cela lui avait valu quelques contestations virulentes auprès de ceux qui y voyaient un contenu à réciter ou des pratiques religieuses à accomplir pour garantir leur Salut. Mais au final, se confronter aux avis opposés l'avait bien aidé à maîtriser cette question.

– La foi est essentielle pour nous dans ce monde, dit-il. Comme croyants, elle est là pour nous encourager à nous approcher de Dieu par l'amour et la miséricorde et tout ce qui nous aide à les vivre comme la bonté, le bien, la beauté, la solidarité, le pardon, l'éloignement de l'injustice, le refus de la violence, le dialogue, le respect, la générosité, la compassion, le don de soi…

– Donc ceux qui se sont fait tuer pour la foi ne seront pas en Dieu ?

– Pas par ce biais-là. Déjà la foi, dissociée de la miséricorde et de l'amour, ne permet pas de participer à la vie de Dieu. Comment pourrait-on encore concevoir que tuer au nom de la foi le permet ?

– Je ne sais plus qu'en penser.

– Si, il faut savoir et définir ainsi clairement le critère de toute chose : Est-ce que ce qui est fait ou à faire est un acte d'amour ou de miséricorde ? Seul l'amour demeure éternellement car l'Eternel est amour. Promettre le paradis à ceux qui font des attentats suicides, c'est leur mentir sur cette question !

*

Samar regarda Antoine inquiète et en colère. Trop de choses se bousculaient dans sa tête.

– Le paradis comme récompense aux attentats suicides, c'est du mensonge ! reformula-t-elle. J'en avais intuitivement la conviction mais je n'arrivais ni à le démontrer, ni à le dire.

– Le mensonge, le lavage du cerveau et la manipulation sont des outils à fabriquer des bombes humaines. Comment les chefs de ces personnes fanatisées feraient-ils sinon pour les convaincre ? D'ailleurs, on l'a vu en Irak comme en Afghanistan, ces chefs se protègent derrières des bunkers et se déplacent en voitures blindées. Et si se faire exploser en tuant les autres était la voie vers le paradis pourquoi s'en priveraient-ils ? Ils utilisent un langage religieux, mais c'est la recherche du pouvoir qui en est l'enjeu et qui les divise déjà. Non, l'islam parle de Dieu miséricordieux et celui qui vit dans la miséricorde s'approche de la vie de Dieu. Tout le reste, même la foi quand elle n'est pas une invitation à la miséricorde et à l'amour, ne sera qu'une fausse promesse. C'est à chacun de comprendre ce qui est de nature à le faire participer à la vie de l'Eternel. La foi sans les actes d'amour et de miséricorde qui font participer à la nature de Dieu ne conduit pas au Salut. Et cela est vrai pour le Christianisme, le Judaïsme et l'islam comme pour les autres religions…

Ces paroles rejoignirent profondément Samar. Ce qu'elle ressentait dans ses tripes était formulé par des mots.

– Mais comment expliquer que le martyre est toujours tant valorisé dans le christianisme ?

– Les martyrs Chrétiens ont subi la mort. Ils ont donné leurs vies mais ils n'ont pas pris celle des autres… Ils ont enduré les souffrances et accepté la mort parce qu'ils n'avaient pas voulu renoncer à l'amour qui sauve. Déjà, dès le début du christianisme, beaucoup de martyrs, à la suite du Christ, ont pardonné à leurs bourreaux avant de mourir. Et même, plus récemment, quelques-uns sont allés parfois librement jusqu'à donner leurs vies pour sauver celle des autres. Un prêtre polonais, Maximilien Kolbe l'a fait dans un camp de concentration Nazi, pour remplacer un père de famille, choisi pour qu'il meure de faim. C'était pour sauver des vies et non pour les détruire. Ce n'est donc pas pareil.

– C'était qui Maximilien Kolbe ?

Antoine raconta en bref la vie de ce prêtre franciscain, rédacteur en chef et radioamateur arrêté par les Nazis en 1941 : « En juillet, un homme réussit à s'évader du camp de concentration d'Auschwitz. Les Nazis prennent dix hommes en représailles pour les faire mourir de faim. Un des dix prisonniers choisis pleure sa famille et le père Kolbe propose de le remplacer. Les Nazis acceptent la substitution. Ce prêtre sera le seul à survivre à la soif et à la famine pendant deux semaines et puis il est exécuté par injection le 14 août 1941 et son corps est brûlé… »

Samar écouta attentivement cette histoire avant de reprendre.

– Si je me mettais à la place de la mère de Maximilien Kolbe et qu'on m'annonçait le décès de mon fils pour avoir voulu sauver un père de famille, je pourrais être fière et l'autre famille me serait reconnaissante et me soutiendrait. Mais si je me mettais à la place d'une mère de quelqu'un qui commet un attentat-suicide et que l'on m'annonçait sa mort en tuant d'autres innocents, en plus de mon affliction, j'aurais à supporter pendant le reste de ma vie, les souffrances et les questions de toutes ces personnes touchées par cet attentat meurtrier. Je ne comprends pas comment certaines mères peuvent s'extasier quand on leur annonce que leurs enfants se sont fait exploser dans une rue commerçante, dans un bus ou dans un lieu de rassemblement ? Il faut que tu voies ces vidéos.

– Je les regarderai...

– J'y vois une sorte de volonté de couper les enfants de leurs parents. Et Walid m'inquiète beaucoup à ce sujet.

– Certes, il faut accompagner Walid et le ramener toujours vers vous. Loin de vous, ses parents et sa famille, il sera vulnérable. Les liens affectifs avec les parents contrebalancent toujours les idées extrémistes et prennent le dessus. Pour cela, les extrémistes cherchent à isoler des personnes fragiles, en rupture ou en difficulté avec leurs milieux familiaux, et leur créent un autre univers plus attractif afin de mieux les manipuler...

Texte tiré de « Rives et dérives »

SORTIR DE LA HAINE

OBJECTIF : Identifier les lieux de prédilection pour la manipulation fanatique

> *Contexte : Un resto dans le vieux Lyon. Juillet 2006. Walid adolescent musulman a fugué de chez lui et Antoine, un adulte chrétien, ami de la famille, tente de le comprendre et de découvrir son univers.*

Une voiture s'arrêta devant le « kebab ». Quatre jeunes en descendirent. Ils commandèrent puis ils cherchèrent des places pour s'asseoir. En fin de repas, l'un d'eux, un blond aux yeux bleus, passa devant la table de Walid, se retourna, le regarda surpris, ouvrit les bras et le serra très fort. Puis, il salua Antoine en arabe avec un large sourire et il se présenta : Mehdi. Antoine fit de même en lui serrant la main.

Antoine vit dans ce salut chaleureux et fort comme un désir de Walid de se réfugier auprès de Mehdi. Visiblement, les deux se connaissaient bien et s'appréciaient. Mehdi Benabdelhaq est un jeune musulman. Il avait fréquenté le même club de boxe que Walid. Antoine l'invita à leur table, désirant mieux connaître l'entourage de Walid. Mehdi accepta l'invitation, ayant toutefois quelques affaires à régler auparavant.

En attendant le retour de Mehdi, Walid reprit la conversation.

– Mehdi n'est pas n'importe qui ! Il faut que tu le connaisses !

– Il est très important pour toi ? Raconte-moi pourquoi !

– C'est quelqu'un de très bien. Mais il revient de loin. Il a séjourné plusieurs mois en prison !

Surpris. Antoine commenta.

– Faire de la prison n'est pas une fierté !

– Je suis d'accord avec toi mais son cheminement est surprenant. Il l'a fait grâce à Noureddine.

– Qu'est-ce qu'il fait maintenant ?

– Il veut faire des études pour être éducateur et aider les jeunes de son quartier.

– Mais comment a-t-il basculé dans la violence ?

– Je peux te dire ce qu'il a raconté lors d'une réunion. Cela m'a impressionné.

Mehdi eut une enfance tranquille. De père Kabyle, magasinier dans une usine et de mère française, caissière dans une grande surface, il est parfaitement trilingue. En effet, il parle français, kabyle et arabe. Le licenciement de son père fut un coup dur pour la famille et surtout pour les quatre enfants. Ses parents s'étant séparés lorsqu'il était adolescent, il choisit de rester avec son père.

Monsieur Benabdelhaq, après quelques années difficiles, réussit à remonter la pente et ouvrit une épicerie dans son quartier. Malgré leur divorce, les parents de Mehdi s'accordaient sur le fait qu'une bonne scolarité conditionnait la réussite professionnelle. Eux, ils n'avaient pas eu la possibilité d'aller à l'école mais leurs enfants avaient cette chance-là.

A l'école primaire de son quartier, Mehdi avait été un enfant remarquable : sage, obéissant et avide de savoir. Il assimilait facilement tout. En revanche en sixième, sa position de premier de sa classe lui valut une certaine exclusion et une jalousie de la part de ses camarades. En cinquième, il préféra s'intégrer à la classe et cacher sa différence en travaillant moins.

Le premier choc social qu'il avait eu, fut le stage d'observation en entreprise effectué en classe de quatrième. Tous les élèves de son quartier avaient rencontré des difficultés pour trouver un employeur qui accepterait de les prendre en stage. Mais ceux qui avaient des noms à consonance arabe ou étrangère étaient encore plus difficilement admis. Les professeurs avaient largement encouragé Mehdi à écrire à plusieurs entreprises.

Sans réponse malgré les relances téléphoniques.

Il se pointa un jour à l'accueil d'une société. Le patron le croisa, le salua et entra dans son bureau. La secrétaire était allée l'annoncer. « Je veux bien prendre ce type à l'accueil mais surtout pas de stagiaire s'appelant « Ben-machin » ou « Ben-truc ». Le seul nom commençant par « ben » que j'admets dans mon entreprise est le bénéfice... », commenta le directeur à haute voix. Mais quand la secrétaire lui eut précisé que le jeune blond aux yeux bleus était monsieur Benabdelhaq, il lui demanda de lui annoncer que l'entreprise avait déjà engagé d'autres stagiaires.

Choc et grande déception. La vie de Mehdi bascula dans la violence et la délinquance. Le modèle d'intégration par la scolarité et le travail avait fondu comme neige au soleil à ses yeux. Mehdi prit conscience qu'il n'aurait pas sa chance comme les autres malgré ses capacités intellectuelles ! C'est tout l'environnement social qui allait l'empêcher de choisir ses études, d'avoir un bon travail et de mener une vie meilleure…

– C'est dommage d'avoir eu cette mauvaise expérience ! réagit Antoine.

– Tu ne trouves pas que c'est désespérant si on n'a pas le bon environnement ou si on n'est pas issu du bon milieu ?

– Penses-tu que la violence l'a aidé à trouver une solution ?

Petit temps de réflexion pour contourner la réponse.

– Tout le monde est prêt à dénoncer les violences visibles : les poubelles brûlées, les murs tagués, les voitures calcinées ou cassées… C'est condamnable mais fais un tour dans le quartier de Mehdi et regarde ce qui le relie à l'extérieur. Même les chauffeurs de bus n'aiment pas y circuler !

Regard fixé au loin. Puis Walid reprit.

– Ce manque d'ouverture du quartier n'est-il pas la pire violence qui puisse frapper un jeune qui rêve de réussir sa vie ? La seule solution pour celui qui veut s'en sortir c'est de se tirer ailleurs. Quand Mehdi a décrit son quartier comme une prison dont les murs et les barreaux sont invisibles, j'ai compris ce qu'il voulait dire.

– Mais toi, tu n'en es pas là !

– Moi, j'ai la chance d'avoir mon père qui connaît bien des patrons d'entreprises. Mais ce n'est pas donné à tout le monde. C'est à l'adolescence que l'on apprend à s'ouvrir aux autres et à connaître d'autres personnes avec lesquelles on va travailler demain. Or, on rencontre beaucoup plus de refus de stage pour les enfants des banlieues que d'occasions de connaître les gens.

Hochement de tête en signe d'approbation.

– De plus, ajouta Walid, les jeunes des familles aisées ne viendront jamais dans les lycées et collèges des quartiers populaires pour rencontrer d'autres jeunes. De même, les jeunes des quartiers difficiles n'auront jamais accès à d'autres écoles que celles de leurs quartiers. Ils retrouvent souvent les mêmes visages et les mêmes noms depuis la crèche jusqu'à l'inscription au chômage. La ville et les quartiers des banlieues sont deux mondes différents qui, dans les meilleurs cas, s'ignorent.

– Bonne analyse. Mais je ne vois toujours pas la violence comme solution !

*

Mehdi voulut se venger. Le soir de cette rencontre désastreuse avec le Directeur de l'entreprise qui l'avait refusé à cause de son nom commençant par « Ben », il raconta sa déception aux jeunes de son quartier. Certains lui soufflèrent l'idée de ne pas se laisser faire et d'aller tailler les pneus de la voiture de ce dirigeant avec un cutter. L'idée lui plut. Mais il ne savait pas que le parking était surveillé par des caméras.

Son arrestation et sa libération brisèrent sa crainte de la police. Elles lui donnèrent le statut de caïd auprès des jeunes de son quartier et l'intégrèrent dans la classe privilégiée des durs. Le mur de la peur tomba de lui-même et la violence s'en trouva banalisée. Qu'avait-il à perdre quand il estimait qu'il ne pouvait plus rien espérer ? Les arrestations policières et les procédures judiciaires faisaient désormais partie de la règle du jeu. A dix-huit ans, il fit de la prison ferme et rien ne manquait à son palmarès de caïd.

Mehdi fut condamné plusieurs fois à des travaux d'utilité publique. Il fut repéré par une association du quartier qui en informa un nouvel entraîneur dans un club de boxe, Noureddine. Réputé pour sa bonne influence sur les jeunes musulmans, il les aidait à se défouler dans le sport, à savoir encaisser les coups et en donner au bon moment.

Noureddine apprenait également aux jeunes à avoir confiance en eux et à maîtriser leurs émotions et leurs réactions. Et en même temps, il leur enseignait les valeurs de l'islam. S'adresser au corps et à l'esprit, était sa devise. Cet entraîneur-prédicateur avait réussi à le convaincre que la délinquance était contraire aux valeurs de l'islam. Mehdi changea de voie. Progressivement, il s'affichait croyant, priait et aidait énormément les autres.

— Et toi, tu te situes comment par rapport à ce que Mehdi a connu ? rebondit Antoine.

— Mon stage en entreprise, je l'ai eu grâce au carnet d'adresses de mon père qui m'a ouvert plein de portes pour obtenir un bon stage. Mais, si j'avais, moi-même, dû faire les démarches, sans doute aurais-je connu beaucoup de galères avant d'en trouver un. Et là, c'est l'environnement d'un jeune qui prend un rôle plus important que ses capacités personnelles. Souvent c'est décevant. Ceux qui ne veulent pas se résigner, se révoltent…, et cassent tout.

Jésus, Gandhi, Martin Luther-King…, étaient des révoltés et des révolutionnaires mais sans recourir à la violence. Antoine fut tenté de le dire mais il se tut, préférant laisser du temps à Walid pour en prendre conscience.

– Mais il y a des révolutions qui se font en douceur, affirma Antoine.

– Sérieusement, crois-tu que c'est efficace ? Certes, non ! Regarde la télé, les quelques initiatives heureuses des associations pour améliorer la vie de ces quartiers sont souvent oubliées des journalistes et des autorités. En revanche, dès qu'il y a un problème, ces quartiers font la une de toute la presse nationale et internationale. C'est seulement quand les voitures s'étaient embrasées que l'on s'est rappelé les quartiers difficiles et que l'on a débloqué des aides ! C'est malheureux et c'est comme ça !

Ton vif. Violence banalisée. L'inquiétude d'Antoine monta d'un cran. Il avait peur que Walid ne se voie déjà lançant des bombes incendiaires sur des voitures, défiant la police dans les quartiers chauds, utilisant des armes, organisant une bande de casseurs, provoquant des réactions chez les jeunes à cause d'un profond sentiment d'injustice sociale…

Il se demandait si l'adolescent qui lui parlait ne serait pas capable de mettre en pratique cette violence qu'il justifiait. Il ne pouvait plus se contenter du rôle d'un écoutant passif. Il sentit le devoir de réagir comme un adulte responsable. Il se décida à l'interpeller en l'aidant à se servir autrement de son imagination.

– Walid, du point de vue mobilisation des médias et aides de l'Etat, tu as peut-être raison ! Mais est-ce que la violence est une réponse valable à l'injustice ou à la violence non-visible des environnements ? Est-ce qu'elle améliore la situation ? Est-ce qu'elle n'augmente pas aussi l'injustice ?

Walid était prêt à rétorquer mais Antoine continua.

– On ne va pas faire un débat là-dessus. Imagine-toi être un journaliste qui va, par exemple, enquêter sur le ressenti de celui dont la voiture a été brûlée ou cassée, véhicule qui était le seul moyen pour lui de se rendre au travail avec une journée qui commence à quatre heures du matin.

Petit temps pour laisser Walid s'apercevoir de la situation.

– Je ne te demande pas de me répondre immédiatement. Mais prends le temps d'imaginer la scène… D'écouter les réactions des gens et tous les sentiments qu'elles produisent en toi… D'y réfléchir… De te poser la question si c'est bon, bien, beau et juste…

*

Mehdi revint avec ses affaires et s'assit à la table d'Antoine et Walid. Quasi instantanément, la conversation s'engagea entre les deux jeunes. L'adolescent s'inquiétait de l'absence prolongée de Mehdi aux réunions avec Noureddine.

– En toute sincérité, je dois à Noureddine beaucoup de choses dans ma vie. Je reconnais que sans lui je n'aurais jamais pu sortir de la délinquance. Je constate que je ne brûle plus les boîtes aux lettres ni les poubelles, que je ne casse plus les voitures, que je ne bois plus, que je ne touche plus à la drogue, que je ne cherche plus à me bagarrer, ni à me venger ou à utiliser la violence... Ma vie a radicalement changé.

Petit silence et reprise.

– Jusque-là, Noureddine m'a fait beaucoup de bien. Il a brisé en moi l'idéal d'un caïd délinquant pour le remplacer par celui du Prophète Muhammad ou par l'exemple de ses compagnons. Je l'avoue : au début, il a eu raison à mes yeux, mais progressivement, une autre vision s'est imposée à moi.

– Laquelle ?

– J'ai vu que, petit à petit, à la place de la délinquance, de fortes humiliations historiques et sociales, une haine politique et un mépris des non-musulmans s'installaient dans ma tête. Je ressentais une haine farouche des Américains et de leur politique vis à vis des Arabes et de l'islam. Une haine des Juifs et de l'Etat d'Israël. De la révolte contre un complot international russo-européen anti-islam. Un mépris des croyances chrétiennes et de toute l'idolâtrie de leurs lieux de culte...

Le serveur passa prendre une nouvelle commande de boissons. Puis Mehdi reprit.

– Haïr les Américains ? J'ai 22 ans, et je n'ai jamais rencontré un Américain de ma vie. Les Israéliens ? Le seul juif que j'ai croisé par hasard, participait à une manifestation pour la paix et les droits des Palestiniens. Le complot international contre l'islam ? Je ne savais plus qui haïr : un jour je dois aimer les Russes dans le dossier nucléaire iranien et les haïr dans la guerre en Tchétchénie.

Raclement de la gorge.

− Haïr les chrétiens ? Selon Noureddine, ce sont des égarés de la foi, dans l'erreur absolue, car ils associent Jésus à la divinité de Dieu. Mais quand je regarde le père Christophe et tous les prêtres qui fournissent des aides scolaires et sociales aux jeunes et familles défavorisées de notre quartier, je me dis que si Dieu est juste, il leur accordera, en premier et avant tous les musulmans, une place au Paradis.

Antoine écoutait cette introspection de Mehdi. Il fut agréablement surpris par la relecture des effets de l'enseignement de Noureddine sur sa vie.

− J'étais perdu avec Noureddine, continua Mehdi. Un jour, il me faisait me sentir supérieur aux autres parce que je suis musulman. Cela me gonflait à bloc. Et puis, d'autres jours, il me faisait voir combien les musulmans étaient humiliés et injustement traités à travers l'histoire. Et comment cette humiliation continue dans le monde aujourd'hui, partout dans le monde, en Occident comme dans les pays qui se disent musulmans.

Mehdi fixa Walid comme s'il voulait qu'il comprenne les enjeux.

− Je ne savais plus contre qui je devais orienter réellement ma haine. Je n'en pouvais plus, j'allais exploser. Toute cette charge intérieure m'est devenue insupportable ! A un moment donné, j'ai cru que si on me demandait de partir combattre en Palestine ou en Irak ou de me faire exploser quelque part dans le monde, je l'aurais fait, tellement j'avais besoin de trouver un élément concret sur qui déverser cette haine.

Froid dans le dos. Antoine s'enquit.

– Qu'est ce qui t'a empêché de le faire ?

– J'étais de plus en plus mal et sur le point de basculer dans une dérive totale, refusant toutes les valeurs morales, sociales ou politiques qui ne venaient pas de l'islam tel qu'il est enseigné par Noureddine. Mais une chose m'a sauvé.

Silence.

– Laquelle ?

– Je ne m'étais jamais coupé de mon ressenti et de mes relations.

Regard fixant Antoine avant de reprendre un long récit.
« Quand je rencontrais les gens de mon quartier, notamment le père Christophe et ses paroissiens en compagnie de leurs enfants qui me saluaient et discutaient avec moi, je me sentais bizarre. J'éprouvais de la sympathie dans mon cœur, alors que ma tête était bien chargée de discours haineux. Je n'arrivais plus à m'endormir et j'ai passé des heures à me demander pourquoi je dois haïr les chrétiens, sous prétexte qu'ils ne sont pas musulmans. Ces rencontres et ce questionnement ont été salutaires pour moi. Ils m'ont empêché de m'enfermer sur moi-même mentalement et socialement. »

Le serveur apporta les boissons. Mehdi prit son verre et se désaltéra avant de continuer.
« Ecart insupportable ! Mais une sorte de tranquillité m'est revenue quand j'ai pris conscience que Noureddine me chargeait intérieurement et que, dans la réalité, je ne trouvais pas d'exutoire à cette tension permanente. Je suis allé lui dire que je ne viendrais plus à ses réunions car elles m'abreuvaient de haine et me détruisaient intérieurement. Quand je hais, j'ai besoin de cogner ou d'avoir un exutoire »

Un long soupir.

« Noureddine m'a dit que je devais continuer à m'investir dans le sport et rester fidèle aux instructions. Mais pour moi, ce n'était pas du même ordre : le sport me défoule physiquement, mais la haine me déchire intérieurement. Je lui ai expliqué que les sentiments qui me traversaient lors des rencontres avec le club étaient en opposition avec la réalité de ce que je vivais tous les jours.

« Notre entraîneur a voulu me convaincre que si je me posais ce genre de questions, c'est parce que je m'ennuyais dans le cadre du club et que c'était normal parce que mon potentiel dépassait ce que propose un petit groupe. Il m'a dit son intention de me confier des choses plus sérieuses et plus engagées dans d'autres groupes sur Lyon et sa région, voire au-delà. Pour lui, j'étais prêt à faire avancer les causes de l'islam partout dans le monde.

« Cela m'a flatté un moment puis en réfléchissant, j'y ai renoncé. Le milieu de Noureddine m'enfermait dans une haine qui envenimait ma vie. J'étais déconnecté de mon quotidien, obnubilé par mes tensions intérieures, aigri et très critique et ne faisais plus rien pour notre quartier. Je voulais changer le monde mais rien de concret autour de moi n'émergeait à part inviter les gens à prier et à écouter des discours religieux plein de haines… »

Les paroles de Mehdi renvoyaient Antoine à un discours similaire. « Charité bien ordonnée commence par soi-même ! ». Il se rappela cette maxime qui invite à l'action concrète rayonnant à partir de soi. Souvent les personnes qui font bouger les choses dans le monde ont démarré avec de petites choses très concrètes autour d'eux. Différence radicale entre ceux qui veulent faire exploser le monde et ceux qui veulent le faire changer. Les premiers sont dans la logique du tout ou rien. Une logique totalisante ou nihiliste. Les seconds travaillent sur de petites choses et espèrent que leurs petites pierres, ajoutées à celles des autres, finiront par déplacer des montagnes et édifier des œuvres grandioses…

– Et comment tu t'en es sorti en fin de compte ? demanda Antoine.

– J'ai pris conscience que Noureddine exploitait mes frustrations pour me remplir de haines et d'idéologies politiques. Il ne travaillait pas réellement pour améliorer le quotidien des jeunes. Il avait très bien su agir sur moi, physiquement et mentalement, tant que j'avais besoin de changer de voie. Et il avait bien réussi. Mais il me manquait un investissement gratuit pour les autres. Oui, c'est dans l'engagement gratuit que le mental, le physique et l'action sont unifiés par une signification et animés par la liberté.

Mehdi prit le bras de Walid et le secoua. Il voulait qu'il soit attentif à ses paroles.

– J'ai senti que je devais beaucoup de choses à Noureddine et que s'il fallait m'engager c'était dans le sens de ses projets islamistes. Il m'encourageait à m'affirmer comme musulman, à revendiquer cette liberté religieuse…, puis il me la confisquait. Ailleurs, j'avais le droit de revendiquer, avec lui seulement d'écouter. Rien n'était bon en dehors de ce qu'il nous disait. Je m'étouffais à petit feu.

Il resserra encore le bras de Walid…

– L'idéal promis dans le discours de Noureddine n'a rien de concret dans la pratique à part la prière et le port de voile. Et moi, j'ai besoin de voir les choses avancer. Je ne l'ai pas vu comme le père Christophe s'engager gratuitement dans de vrais projets pour les jeunes et leurs familles, uniquement pour eux et sans arrière-pensée religieuse ou politique. Noureddine a le souci de remplir sa salle de prière, de faire porter le voile aux filles et aux femmes des familles qui bénéficient du soutien scolaire et de l'apprentissage de l'arabe, et de designer les garçons comme surveillants des filles pour qu'elles ne sortent pas de chez elles sans voile ou en jupe.

Notre quartier souffre déjà d'isolement et de manque d'ouverture vers l'extérieur. Je n'ai pas besoin d'en rajouter en le transformant en fief islamiste, ni de m'enfermer aussi dans ma tête. Du coup, j'ai décidé de rompre avec lui.

Surprise sur le visage de Walid. Mehdi conclut

— Mon objectif, maintenant, est d'ouvrir ce quartier à l'extérieur, à la ville. Il faut que les gens de notre quartier rencontrent d'autres personnes. L'isolement enferme les gens dans la haine des uns des autres. Noureddine m'a aidé à sortir de la délinquance, je le lui dois. Mais moi, je veux sortir de la haine aussi !

Texte tiré de « Entre les deux rives »

II-LE FAIT RELIGIEUX : NOUVELLE APPROCHE EN LIEN AVEC L'ACTUALITE

FACE A L'IMMENSITE VERTIGINEUSE DU COSMOS

OBJECTIF : Situer le fait religieux dans sa pluralité en lien avec la liberté de conscience

> *Contexte : Juillet 2006, dans un café d'une rue piétonne à Lyon. Walid, adolescent musulman, et Antoine, un adulte chrétien, ami de la famille, s'expriment sur le doute et la pluralité de la croyance.*

Dans la rue piétonne, quelques bars servaient encore. Antoine prit de l'eau gazeuse citronnée tandis que Walid commanda une glace… Des affiches d'une carte du ciel et des planètes étaient fixées sur le mur. Walid les regarda puis il dit :

– Tu sais Antoine, quand je regarde le ciel, je me demande souvent où se trouve Dieu dans cette immensité vertigineuse du cosmos.

– Pourquoi te poses-tu cette question ?

– Je me demande si c'est normal de douter de l'existence de Dieu.

– Oui, c'est normal.

– Mais, c'est très grave !

– Non, c'est le choix personnel et la liberté de conscience de chacun ! répondit Antoine puis il expliqua.

« D'un point de vue logique, les deux hypothèses se valent : « Croire » se trouve exactement en face de « Ne pas croire ». Et si on reste à ce niveau-là, en disant : « Moi, je crois en l'existence de Dieu », on aura toujours la question : Pourquoi croire ? De même, si on dit : « Moi, je ne crois pas en l'existence de Dieu », on aura fatalement la question : Pourquoi ne pas croire ? »

– Donc, il n'y pas de solution ! rétorqua Walid. On reste balloté d'une question à l'autre !

– Il y a un choix à faire mais ce n'est pas le plus aisé quand on y réfléchit ! Se contenter, en matière de foi, du choix traditionnel, familial, social… est certainement plus facile mais pouvoir fonder ses croyances, est drôlement plus savoureux. Je te résume mon point de vue : tant que la question de la foi en Dieu ne touche pas le sens de ta vie, tu vas rester hésitant entre ces deux options… Mais il y a de vraies questions qui peuvent t'aider à faire un choix.

Walid fixa son regard sur l'affiche des planètes et reprit.

– Comme quoi ?

– On sait aujourd'hui que notre soleil, tout comme les étoiles, est une boule de gaz régie par la pesanteur et par des réactions nucléaires provoquant une température qui atteint des millions de degrés à son centre. Et que la vie des planètes tout autour, comme la terre, dépend de son évolution. Au début, il n'y avait donc que la matière. Puis la vie apparaît. Puis la pensée. Comment à partir de la matière, la pensée peut-elle apparaître ? Comment l'immatériel surgit-il de la matière ?

– Tu me chauffes les neurones !

– Oui, on se trouve tous devant la question de l'émergence de la vie et de la pensée, que l'on soit croyant ou non. On a toujours cherché l'origine de tout ce qui existe dans l'Univers et de tout ce qui est vivant et immatériel. Historiquement et naturellement, les humains ont construit des environnements sociaux et spirituels du fait de leur penchant intuitif de croire en une « cause première », origine de tout ce qui existe. Ils ont favorisé le choix de croire. Mais les gens qui affirment ne pas croire en Dieu ne le font pas par une démonstration logique universelle ! Mais par choix personnel qui a sa propre logique. C'est souvent parce qu'ils ne se retrouvent pas dans les sens de la vie que proposent les croyances ou qu'ils n'ont pas envie de se poser de telles questions. Le choix de ne pas croire est plus récent dans l'histoire de l'humanité mais il est tout aussi valable que celui de croire, choisi traditionnellement.

– Mais comment expliquer que le monde a été créé en sept jours comme l'affirme la Bible ? Un non croyant peut avoir l'avantage dans ce domaine et surtout un croyant peut se trouver ridicule devant un scientifique !

– Là, on est dans une croyance particulière : celle qui sépare radicalement Dieu et le monde.

Antoine chercha un texte sur les sept jours de la Création qu'il avait mis dans son ordinateur de poche tellement il le trouvait intéressant. Il l'ouvrit et le lut à haute voix.

« Si on est attentif à la Bible, on voit qu'il n'y a pas un récit de la Création mais deux et le second démarre au sixième jour avec la création de l'homme où Dieu dit : faisons l'homme à notre image selon notre ressemblance ». Ces deux récits se recoupent comme si on voulait dire que l'humanité était donc restée au sixième jour et qu'elle attendait

son achèvement selon le plan de Dieu. Elle est donc sur le chemin pour passer de l'image de Dieu vers sa ressemblance.

Une lecture de ce plan pourrait être la suivante : Nous vivons tous au sixième jour comme Adam et Eve promis à une vie éternelle et tentés comme eux par ce désir de s'attribuer la connaissance du bien et du mal afin de juger les autres et de les dominer. Nous vivons tous au sixième jour admirant la beauté, la bonté, la confiance..., et aveuglés par certaines séductions, ruses et doutes sur ce qui peut nous donner réellement la vraie Vie. Nous sommes tous au sixième jour, habités par le désir de nous voir un jour entièrement réalisés, accomplis, œuvrant pour le bien de l'humanité, et confrontés à la fracture infranchissable entre notre finitude et l'infini de Dieu ! Nous désirons tous avancer et nous parfaire, mais nous nous heurtons à nos limites et à cette impossibilité de nous donner nous-mêmes la vie éternelle comme la vie tout court. Nous avons tous, devant nous, le septième jour pour être achevés et entrer dans la gloire de l'Eternel. Seulement, il suffit de laisser Dieu nous parfaire pour devenir à sa ressemblance, car il n'y a que l'Eternel qui puisse nous faire participer à son éternité... Nous attendons donc notre achèvement, le repos du Créateur et notre entrée dans la gloire de l'Eternel. Les juifs peuvent espérer que le Christ, encore attendu, apportera un remède à cette fracture originelle. Les chrétiens croient que Jésus a tout achevé au sixième jour en mourant un vendredi, il s'est reposé, le septième jour, un samedi, et a donc inauguré une nouvelle semaine pour faire entrer les hommes, les femmes et la Création entière dans la gloire de l'Eternel par sa résurrection, au premier jour de la semaine... »

Walid prit le PDA et relut le texte. Puis il commenta.

– Moi j'ai pensé à sept jours, comme une semaine normale.

– Une semaine dans le récit biblique, c'est de l'ordre symbolique et non chronologique. Tout est question de sens. On peut donc être scientifique et voir l'âge de l'univers en milliards d'années et croire que, symboliquement, nous sommes au sixième ou au septième jour.

Mais ce n'est qu'un sens proposé par la Bible qui considère que le monde qui existe et l'Eternel sont deux réalités distinctes. Les grandes religions d'Asie ont d'autres sens…

– Religions d'Asie ? Mais les bouddhistes et les hindouistes sont polythéistes. Ils adorent des idoles ! Non ?

Les grands systèmes de croyances dans le monde sont « unicitaires ». Ils professent tous l'unicité d'un principe à l'origine de l'existence. Ces systèmes se regroupent en deux familles : une famille de systèmes de croyance qui admet un seul principe d'existence où « l'Unique » est « transcendant et personnel », séparé de la Création et qui parle, comme dans le Judaïsme, le Christianisme et l'islam. Une seconde famille de systèmes de croyance où « l'Un » appelé aussi « le grand Soi », est admis comme le seul principe d'existence « immanent et impersonnel », répandu à des degrés différents dans la matière, comme dans l'Hindouisme et le Bouddhisme. Le panthéisme hindouiste ou bouddhiste n'est pas polythéiste mais monothéiste, mais d'un monothéisme impersonnel alors que les trois religions nées dans le Moyen-Orient, Judaïsme, Christianisme et islam, sont personnelles.

Nos deux principaux systèmes de croyance présentent également deux dynamiques du Salut qui montrent aux croyants le but ultime de leurs vies. Le but de l'être humain dans le panthéisme est de fusionner avec le « grand-Soi », en éliminant toute individualité. Son existence est une réincarnation à laquelle il faudra échapper. Le but de l'homme dans la transcendance est d'échapper à cette fracture entre l'humain et le divin et de participer à l'éternité du seul Eternel en tant qu'être qui conserve son « moi » dans la gloire divine. Sa vie est appelée à passer de la virtualité de l'existence éphémère à la réalité de la ressemblance à Dieu qui le fait entrer dans la plénitude de sa vie éternelle.

– Non, le Bouddhisme et l'Hindouisme ne sont pas polythéistes, précisa Antoine. Seulement, pour eux, ce qui existe, n'existe pas par Dieu, comme dans nos religions, mais en Dieu. Car, Dieu est immanent au monde et n'est pas séparé de lui. « Transcendant personnel » ou « immanent impersonnel », tu n'es pas obligé de croire à aucun système surtout si cela ne correspond pas au sens de la vie que tu te donnes. Mais au moins, les connaître est utile pour comprendre notre monde marqué par le pluralisme de la croyance et de la pensée.

Texte tiré de « Rives et dérives »

L'ADN D'UNE RELIGION : FACTEUR DE STABILITE ET DE COHERENCE

OBJECTIF : Identifier les leviers de stabilité dans les dialogues entre laïcité et religion et entre les différents croyants (chrétiens et musulmans)

Contexte : Lyon. octobre 2006. Antoine reçoit un paquet d'articles de journaux qui résument des attitudes de dignitaires musulmans face aux violences subies par les chrétiens suite au discours de Benoît XVI à Ratisbonne. L'expéditeur en est Mehdi, un ami musulman.

Dans le courrier d'Antoine, se trouvait une enveloppe pleine d'articles de journaux. On y relevait les attitudes des dignitaires musulmans face aux incendies des Eglises en Palestine et aux meurtres de chrétiens en Irak et en Somalie suite au discours de Benoît XVI à Ratisbonne. Ils s'excusaient de ces violences. Dans le petit mot qui les accompagnait, Mehdi disait tout son embarras et racontait aussi ses difficultés avec les responsables musulmans qui avaient des attitudes ambiguës voire contradictoires. Quelques-uns approuvait la violence. D'autres avaient presque l'obsession de se justifier chaque fois qu'un acte violent ou insensé avait été commis par un musulman par crainte d'une montée en puissance de l'islamophobie…

Antoine parcourut ces articles pendant quelques jours et il laissait remonter en lui l'écho de ses ressentis jusqu'au jour où l'idée mûrit, prête à devenir des paroles sur ses lèvres et des mots couchés dans un texte.

« Cher Mehdi,
Je te remercie pour ces articles…
Il est insensé de demander aux musulmans de se justifier chaque fois qu'un assassin commet une sauvagerie et la revendique en citant des versets du Coran. Le problème vient du manque de réflexion systémique. On n'a pas encore trouvé l'ADN de l'islam qui donne une cohérence à son discours face aux questions posées par l'homme religieux - à savoir « que dire », « que faire » et « qu'espérer » - et qui rejette ce qui est incompatible avec lui. Et dans ce domaine, les chrétiens ont aussi une grande responsabilité… Ils laissent en suspens des questions posées par l'islam depuis plus de 13 siècles… Voilà ce que j'en pense aujourd'hui. Trois mois auparavant, j'aurais encore été incapable d'avoir une telle réflexion… », pianotait Antoine sur son PDA ce dimanche de début octobre 2006. Il regarda l'heure. Une heure et demie avant d'aller chercher Florence au TGV. Il continua sa réflexion.

« Mehdi, je te livre ici la conviction qui s'est forgée en moi depuis que nous sommes engagés dans un dialogue.
A l'heure de l'Internet et de l'accès facile aux médias par satellite, nous vivons une ouverture culturelle planétaire extraordinaire. Mais qui dit ouverture, dit forcément différences, avec ce que cela engendre de richesses, d'enthousiasme, de synergies…, comme de chocs, de peurs et de replis sur soi-même. Fait inédit d'ouverture mondiale. Rapidité d'échanges. Connections permanentes. Effacement virtuel des frontières. Grande mobilité géographique. Tant d'occasions pour la prise de conscience de réalités différentes et tant de questions qui fusent partout avec tant de convictions, de certitudes, de doutes, de recherches, de mises et remises en question… Jamais l'humanité ne s'est autant adressée à elle-même. Elle se parle en permanence au risque de brader

le silence. Au risque de ne plus s'écouter. Et toujours avec beaucoup d'émotions et de réactions vives, particulièrement, dans le sentiment religieux. Mais, en fin de compte, c'est un progrès indéniable…

En réaction au discours du Pape Benoît XVI à Ratisbonne, le 12 septembre dernier, des manifestations violentes se sont produites dans le monde arabo-musulman. Mais de nouvelles initiatives de dialogue émanant des musulmans ont également vu le jour. Elles furent rapidement accueillies par les chrétiens. De part et d'autre, et malgré les critiques, on voulait montrer la détermination d'avancer ensemble vers cette ouverture qui se renforçait au fil des jours. On voulait défier les opinions pessimistes qui affirmaient que les guerres et les violences dans le monde musulman étaient en lien direct avec l'islam et ses doctrines. Cependant, en dépit de cette bonne volonté, des peurs, des confusions, des slogans, des propagandes…, et des préjugés persistaient, se mélangeaient et fusaient partout sur la toile.

Tenir au dialogue ne correspond pas à un entêtement ou à une politique de l'autruche face à certains risques. Ce n'est pas non plus occuper les esprits par des concepts lissés et tolérants, pour gommer le véritable respect de la différence. Le vrai dialogue est vital pour les religions et encore plus pour nos sociétés laïques et modernes. Il est essentiel pour le monde occidental car des réseaux islamistes ont profité de cette nouvelle facilité d'échanges internationale pour s'organiser et occuper plus de place dans l'espace public et dans l'actualité.

Ces réseaux islamistes fanatiques surfent sur le registre religieux et s'opposent à la laïcité. Laïcité, à comprendre comme la garante de la liberté d'expression et de la liberté de conscience, favorisant le débat social et le traduisant si nécessaire par des lois qui ne découlent plus des principes religieux. La pensée fanatique est totalisante et conteste l'expression personnelle et les initiatives individuelles. Elle est à l'opposé de la modernité qui se caractérise par l'émergence du « je », la valorisation de la place de l'individu et l'affirmation de ses droits et de ses libertés fondamentales. Ces réseaux ne sont pas facilement repérables par tous, aux premiers stades de leurs implantations.

A entendre et lire la véhémence des propos de ces réseaux fanatiques, après le discours de Ratisbonne : « Trinité du diable », « L'islam conquerra Rome », « Jésus Christ est l'esclave d'Allah », « Je suis né chrétien mais je mourrai musulman »…, le monde occidental d'aujourd'hui aurait tort de penser que la cible européenne des islamistes est uniquement le Christianisme. Il doit réagir, non pour défendre les chrétiens, mais pour défendre la modernité et la laïcité. Car d'autres discours plus discrets, moins directs mais tout aussi violents et dangereux ciblent la modernité et la laïcité à travers deux axes : le statut de la femme qui assure un rôle dans la croissance démographique d'une part, et l'éducation endoctrinée des enfants, de l'autre. Les islamistes gomment l'égalité individuelle entre garçons et filles et éduquent à la seule soumission à la *Charia*, la loi musulmane, en inculquant le mépris de toute autre loi, législation, éducation ou organisation sociale...

Affronter par la violence ces mouvements fanatiques, c'est leur donner de l'importance et les pousser dans leur retranchement. Ils peuvent en profiter pour se déclarer victimes de l'Occident « islamophobe » et ainsi attirer plus d'adeptes… . Mais les ignorer ce serait pire. Car on risque de faire entrer en choc une laïcité, loin des occupations des religions, pour ne pas dire antireligieuse, et un islamisme fanatique et totalisant. La seule issue pour sortir du choc des extrêmes ne pourrait venir que du côté chrétien. Par l'émergence du « je » qu'il a favorisé, le Christianisme a la faculté, de donner à l'espace laïc et à la rationalité toute leur place et leur légitimité, tout en étant capable d'échanger avec l'islam sur le positionnement religieux.

L'expérience chrétienne est importante pour le monde occidental afin de fixer les bases du vrai dialogue entre religion et laïcité, d'un côté, tout comme entre chrétiens et musulmans, de l'autre. Faire dialoguer une religion avec la laïcité c'est trouver la juste place dans le même espace avec les autres. C'est un débat politique et sociétal afin de pouvoir « donner à Dieu ce qui est à Dieu et à César ce qui est à César ». Les problèmes surgissent quand César veut ignorer la place de Dieu dans la vie des hommes ou qu'au nom de Dieu, on ne laisse aucune place à César. Ce dialogue est absolument nécessaire à l'ajustement et à l'équilibre entre espace privé et espace public, appartenance sociétale et appartenance religieuse, foi et raison, obéissance à la conscience morale et obéissance à la loi...

Faire dialoguer les religions entre-elles, c'est entrer dans une démarche interne de vérité et de recherche de cohérence de chaque religion. C'est une nécessité sociétale malgré la complexité de sa mise en place car le dialogue inter-religieux revêt plusieurs niveaux. Il couvre le vivre ensemble, les actions communes, les expériences spirituelles, tout comme la réponse aux questions de la foi. Celui qui veut dialoguer a vraiment intérêt à approfondir sa foi et surtout à ne pas confondre ces quatre niveaux. Vivre en bon terme entre chrétiens, musulmans et d'autres croyants ne signifie pas que les questions théologiques sont réglées. De même, prier ensemble, n'implique pas l'absence de divergences fondamentales. Entendre des propos ou des questionnements théologiques inhabituels sur l'autre religion n'empêche pas de s'engager dans une action commune pour la planète, tout comme pour améliorer la vie d'un quartier... Le tout est d'éviter le risque d'aplatir les niveaux pour ne regarder que celui qui nous intéresse.

Comment trouver l'attitude juste envers les uns et les autres ? L'exercice est difficile. Car il serait dommage d'impacter négativement le vivre ensemble à cause d'un questionnement théologique. De même, ne pas répondre à ces questions engendrerait certainement des confusions et des frustrations… Cependant, dans le cadre de l'islam, la présence des islamistes fanatiques sur les chaînes par satellite et plus particulièrement sur Internet a facilité la diffusion d'idées et jugements sur les autres religions qui partent dans tous les sens.

S'exprimer pour dire le vrai visage de l'islam est nécessaire, mais c'est insuffisant d'en rester là. Il faudra produire une réflexion systémique qui définira le parcours du monde dès sa création jusqu'à sa finalité en maintenant la seule éternité de Dieu. C'est ce parcours que j'appelle la « dynamique du Salut » ou l'ADN de l'islam. ADN qui doit se trouver dans toutes ses idées. Leur donner une cohérence. Servir pour innover en préservant l'identité de l'islam. Et ADN qui doit, surtout, rejeter ce qui est incompatible avec lui. En deçà de ce travail, la pensée musulmane risquerait de rester un agglomérat d'idées soudées par un sentiment religieux. Aujourd'hui, quelqu'un d'exigeant en matière de « que faire», (prières et pratiques religieuses strictes), peut habiller, par les idées religieuses, n'importe quel projet, même le plus fou et le plus meurtrier, et prétendre que son action est de la même nature que l'islam et porte son ADN. Et ainsi il peut - par le « que dire », (citations du Coran), et le « qu'espérer » (annonce de la victoire finale de l'islam) - trouver des adeptes pour les enfermer dans leurs blessures, aiguiser leur sentiment d'humiliation, les isoler de leurs milieux, les endoctriner dans la haine…, les faire partir « en dérive » fanatique ! Mais, face à ce risque, qui peut donc empêcher cette dérive quand on n'a pas élaboré la référence permanente et stable à une base de réflexion systémique et à une « dynamique du Salut », surtout quand on désigne cet aveuglement fanatique par des mots valorisants comme « radicalisation » ?

J'ai fait de petites recherches et j'ai trouvé qu'il existe un mot qui définit la dérive fanatique nommé à tort radicalisation. C'est tout simplement : la fanatisation. Le mot vient du latin fanum qui signifie temple. Et cela redonne à ce mot son sens premier qui est religieux.

Voilà ma petite définition. Fanatisation : Processus qui rend quelqu'un volontairement sourd à tout dialogue, animé par un zèle aveugle et en manque de cohérence avec les principes et fondements religieux. Dans les religions qui croient en l'Unique qui parle, la fanatisation éloigne de Dieu et rend le fanatique idolâtre, substituant à l'Eternel l'adoration inconsciente des concepts qui deviennent des vérités éternelles qu'il faut rabâcher sans cesse et imposer aux autres. Par l'incapacité à dialoguer, la fanatisation déplace le sacré du côté transcendant pour le mettre dans des objets tangibles : lieux sacrés, livres, lois, pratiques, rituels… Les fanatiseurs suscitent chez les fanatiques une surdité volontaire au pluralisme et un refus catégorique de l'altérité. Même en tenant des propos religieux, ils engagent le fanatique dans une voie de haine et de réactions viscérales et épidémiques. La fanatisation coupe le sentiment religieux de sa fonction essentielle qui est de relier les personnes entre elles afin qu'elles partagent leurs expériences et suscitent des questionnements et des dialogues de plus en plus sincères et profonds. Elle rend le sentiment religieux superficiel et s'oppose ainsi à la radicalité qui est un enracinement et une avancée en profondeur.

Je suis émerveillé devant le progrès de Walid. Il a su passer du jugement et des idées fixes au questionnement ! J'entends toujours ses questions parfois maladroites et brutales. Cependant, ses interrogations et son acharnement pour trouver la moindre faille dans la pensée chrétienne, restent pour moi une belle expérience de franchise et d'amitié. Car préserver l'amitié c'est, entre autres, pouvoir dépasser le stade du politiquement correct et entrer dans un vrai dialogue « en posant à l'autre et en se posant à soi, des questions radicales», selon l'expression de Pierre Claverie, évêque d'Oran, homme de dialogue et ami des musulmans, assassiné en Algérie il y a dix ans. Grâce à vous deux, j'ai pu interroger les évidences de ma foi chrétienne pour retrouver son ADN dans la théologie de la parole. Et grâce au dialogue avec les autres religions, l'islam pourra faire de même dans une réflexion systémique.

Depuis cet été, je fais régulièrement le même rêve. Je rêve de susciter du côté chrétien, une parole commune des Eglises pour s'approprier les questions de l'islam et y répondre clairement. Je rêve aussi de voir naître des échanges théologiques entre musulmans, pour favoriser le sens critique et la recherche de l'ADN de leurs croyances. Je rêve d'expérimenter une laïcité, véritable garante des libertés de conscience et d'expression, qui n'oppose plus « Laikos » et « klérikos » - car on n'est plus dans le schéma de la confrontation sociale avec la seule religion catholique-, mais qui les distingue et se situe au-dessus, qui protège le pluralisme de la pensée humaine, et qui permette à tous, croyants et non-croyants, de défier la haine et la violence et de mettre en valeur des expériences vécues et personnelles, comme apports nécessaires au progrès de nos société et de l'humanité.

Texte tiré de « Rives et dérives »

LA MEILLEURE RELIGION ?

OBJECTIF : Analyser en quoi il est absurde de dire qu'une religion est supérieure à une autre ou à l'incroyance

> *Contexte : Place de la cathédrale Saint Jean à Lyon. Juillet 2006. Trois amis, Walid, un adolescent influencé par un mentor islamiste, Mehdi, un musulman qui cherche à vivre sa foi et Antoine, un chrétien, discutent de la supériorité d'une religion sur les autres.*

Quand Mehdi entendit de loin les échos de la discussion, il vint poser ses affaires par terre et s'asseoir à côté de Walid. Au moment où ce dernier expliquait la supériorité de l'islam et comment sa religion prévaudrait sur les autres, il s'engagea dans le dialogue définissant cette notion comme une mission pour rendre le monde meilleur et non comme une supériorité. Antoine défendait de son côté l'idée que la notion de meilleure religion qui possède l'exclusivité du Salut est incohérente avec le principe de la liberté de Dieu.

— Je sais bien, Walid, précisa Mehdi, comment Noureddine t'a expliqué l'expression « prévaloir sur les autres religions ». Il me l'avait déjà présentée ainsi. J'y ai beaucoup réfléchi : cela n'a pas de sens. Pour moi, prévaloir ne signifie pas que les autres religions sont inférieures. L'islam doit être la première religion à montrer ce qu'il a de meilleur et comment cela peut contribuer au progrès humain. Prévaloir est une mission confiée à l'islam pour qu'il soit toujours prêt à témoigner par des comportements et actes concrets de la miséricorde de Dieu. C'est un appel à chaque musulman pour mettre en œuvre ce qu'il y a de bien, de beau et de bon. Les gens pourront ainsi voir comment la miséricorde de Dieu agit dans ce monde à travers chaque croyant.

– En faisant de l'islam ce que tu dis, ne serait-il pas la meilleure religion qui remplace toutes les religions ? rétorqua Walid. Pour moi, il est clair qu'elle est la seule habilitée à faire rentrer les gens au Paradis.

– Mehdi n'a pas tort, intervint Antoine. Walid, l'amour de ta religion ne doit pas te conduire à lui accorder une place qui n'est pas la sienne, en la laissant juger du Salut des autres croyants. Le jugement n'appartient qu'à Dieu et à lui seul !

– Mais, Antoine, insista Walid, je ne veux pas tricher avec toi ! Faire entrer les gens au Paradis, Dieu l'a accordé exclusivement à l'islam.

*

Antoine s'aperçut de la sincérité de Walid malgré ce jugement très irritant et maladroit. Il tenta de dépassionner le débat.

– Je pense que tu parles du sort des humains après la mort quand tu parles « d'entrer au Paradis ».

– Oui c'est ça.

– Même si une religion disait avoir ce privilège, elle n'aurait pas le droit de prononcer un quelconque jugement sur le sort des autres croyants.

– Pourquoi ?

– Parce qu'en faisant ainsi elle porterait atteinte à la liberté de Dieu !

– Comment ça ?

La liberté de Dieu est un concept que l'on peut comprendre dans le sens où Dieu peut faire ce qu'il veut. C'est du moins la croyance des religions. Antoine chercha donc une approche plus concrète.

– Pour toi, quel est donc le but de la religion ? demanda-t-il à Walid.

– C'est d'offrir aux hommes d'aller au Paradis.

– Prenons l'exemple d'une représentation artistique. As-tu déjà assisté à un concert ou un spectacle ?

– Oui, j'ai vu celui de Gad Elmaleh.

– Comment as-tu pris ton billet ?

– Mon père l'avait acheté dans une agence.

– Supposons que Gad Elmaleh veuille t'inviter personnellement à son spectacle et que le guichetier s'oppose à son invitation, trouverais-tu que la liberté de l'artiste soit bien respectée ?

– Non. Mais quand il y a des contrats d'exclusivité, il ne peut pas faire ce qu'il veut.

– Il peut tout de même faire passer quelqu'un par l'entrée des artistes. Si on lui enlevait cette possibilité, aurait-on préservé sa dignité et sa liberté ? Ne serait-il pas capable en dernier recours d'annuler le spectacle et l'exclusivité ? Alors, ce qui préserve la dignité et la grandeur d'un artiste consiste en ce qu'il a toujours la liberté de pouvoir faire entrer à son spectacle qui il veut gratuitement.

Walid sourit et fixa Antoine.

– Je ne vois pas où veux-tu en venir. On parlait de Dieu et tu me parles de guichets !

– D'accord, mais tu m'écoutes jusqu'au bout ! Partant de cette comparaison, les religions sont comme les guichets qui cherchent à faire entrer le maximum de personnes au spectacle. Certaines en font entrer un nombre plus ou moins important, mais en aucun cas, la totalité des places ne peut être accordée à une religion, même si cette dernière était la seule religion sur la terre. Dieu ne serait jamais obligé de passer par cette religion pour faire entrer qui il veut au Paradis. Si Dieu est libre, aucune religion n'en a l'exclusivité.

– Il est évident que Dieu est libre. Et en toute liberté, il a privilégié l'islam et l'a instauré comme voie unique pour le Paradis.

– Cette affirmation est incohérente avec la liberté et la grandeur de Dieu car elle substitue la religion à l'Eternel et juge les non-musulmans. Même en cas de privilège accordé à une religion, la liberté de Dieu suppose que d'autres personnes puissent rejoindre son Salut sans passer par une appartenance religieuse précise. Il faut admettre que Dieu puisse sauver qui il veut, même ceux qui, apparemment, n'ont pas de religion ou ne se reconnaissent dans aucune d'entre elles.

– Mais pour moi, l'islam reste la meilleure religion.

Mehdi écoutait attentivement cet échange. Il avait d'autres comparaisons à l'esprit. Mais pour ne pas perdre le fil, il réagit en utilisant celle des guichets.

– Tu as bien dit : « pour moi ». Et c'est vrai, car la comparaison entre les religions n'a pas de sens. Dire que l'islam est la meilleure religion de toutes, qu'est-ce que cela peut t'apporter ? Cela ne t'aidera jamais à mieux connaître ta religion, ni à vivre profondément ce qu'elle te demande. L'important est que la tienne soit la meilleure pour toi.

– C'est ce que j'ai dit. C'est la meilleure !

– Rappelle-toi toujours donc l'exemple de la billetterie donné par Antoine. Pourquoi achètes-tu ton billet dans telle ou telle agence ? Il faut que ton choix soit le meilleur pour toi. Peut-être, choisiras-tu la billetterie de ton quartier en raison de sa proximité géographique ou une autre plus éloignée parce qu'elle te fait des réductions. Peut-être, seras-tu plus intéressé par une facilité de paiement proposée sur internet. Il y a autant de raisons que de personnes. L'essentiel, c'est que tu fasses le meilleur choix pour toi. En tout cas, il ne faut pas se focaliser sur les guichets et oublier le spectacle et l'acteur.

Loin d'abandonner le débat, Walid mit sa main dans sa poche et toucha son porte-clés pendant que Mehdi développait les comparaisons. On aurait pu le croire se désintéresser mais en réalité il avait besoin de se rassurer avec ce geste car il sentait le débat lui échapper.

– Si vous me dites que les religions sont des « guichets », donc toutes les religions se valent ! objecta Walid.

– Non, Walid, répondit Antoine. Les religions ne se valent pas, mais ce n'est pas à nous d'en juger ! Et ce n'est pas à elles de se juger entre elles non plus ! Les religions doivent être au service de leurs croyants et participer à améliorer le monde. Elles ne sont pas un but en elles-mêmes.

– Comment ça ?

– L'essentiel pour une religion n'est pas de rassembler le maximum de gens sous sa « bannière » mais de leur proposer une expérience qui les ouvre à l'au-delà. L'exemple du guichet est éclairant : on ne garde pas les gens devant un guichet mais on les fait entrer dans la salle pour profiter du spectacle et voir l'acteur. Il n'y a certes pas la même affluence sur un guichet situé à l'entrée principale comme sur un guichet qui donne sur une petite rue. L'important c'est que tout le monde soit à l'intérieur avant le début du spectacle. En tant qu'hommes et femmes appartenant à une religion, notre rôle est donc d'inviter à cette expérience spirituelle de rencontre avec Dieu, de montrer sa beauté et d'en donner le goût. Nous n'avons absolument pas le droit de nous comparer ni de nous juger les uns les autres, sinon, nous prendrions la place de Dieu et nous toucherions à sa Grandeur et à sa Liberté.

– Je n'ai jamais pensé à cette idée sur la grandeur et la liberté de Dieu, commenta Walid. As-tu approfondi la notion de « meilleure religion », tout seul, Mehdi ?

*

Mehdi avait rencontré quelques prêtres ouvriers qui cherchaient la proximité avec les gens des banlieues difficiles. Le dévouement du père Christophe l'avait toujours frappé et bousculé. Il le voyait incarner un modèle de charité pour le musulman, même si ce prêtre est loin de la foi musulmane.

Cela le perturbait car il ne pouvait pas s'empêcher de penser à ce prêtre quand il voulait se référer au comportement idéal d'un musulman. Il s'était demandé au nom de quoi il devait juger le sort de ce prêtre après sa mort. Et du coup, il comprit que s'il raisonnait de cette manière c'est parce qu'on lui avait depuis toujours martelé que le paradis était réservé aux seuls musulmans.

Mehdi avait compris qu'il faudrait trouver un autre sens pour « prévaloir sur les autres religions » si on voulait avancer dans une réflexion sérieuse et sortir de l'auto-admiration... Il leur présenta son cheminement.

– Mehdi, ton raisonnement me plaît beaucoup, résuma Antoine. Tu as su définir le sens de « prévaloir sur les autres » et de « meilleure religion » comme « être toujours prêt à faire valoir le bien, le beau, le bon et tout ce qu'il y a de meilleur pour l'humanité. » Tu as raison. C'est une mission à accomplir et non pas un statut dont une religion peut jouir.

– Moi, j'ai encore besoin d'y réfléchir, conclut Walid...

Contredit par ses deux amis, Walid se sentait blessé dans son orgueil car il était habitué à avoir raison en matière de religion. Il gardait une petite hargne contre Mehdi qui aurait dû le soutenir dans ses propos. « Soutiens ton frère musulman » est un précepte qu'il avait toujours entendu et appliqué. Mais il lui semblait que Mehdi n'en tenait nullement compte. Cependant, ce que les deux autres avaient dit, l'interpellait. Sans jamais s'être rencontrés, ils avaient des raisonnements convergents.

Walid reconnaissait que quelque chose s'était produit en lui. Il ne pouvait plus enlever de sa tête l'idée de la liberté de Dieu. Surpris d'entendre d'autres avis et d'envisager d'autres explications, il expérimenta pour la première fois la controverse. Noureddine l'avait entraîné et lui avait fourni des arguments en affirmant qu'aucun chrétien ne résisterait jamais à de telles évidences. Mais là, il découvrit que non seulement les chrétiens ont une autre logique mais que des musulmans peuvent penser différemment. Ce dernier point était encore plus perturbant pour lui.

Il se mit en silence pour se calmer, ferma les yeux et se concentra pour écouter tous les sons qui l'entouraient. Tout lui paraissait dense et vivant. L'air doux qui caressait son visage. Le bruit d'un avion qui passait. L'eau de la Saône qui coulait. L'écho d'une voiture dans une ruelle. Le bruit des pneus qui vibraient sur les pavés. L'agitation des branches à chaque coup de vent... Il s'étonnait de ne les avoir jamais remarqués auparavant. Puis, il ouvrit les yeux et resta silencieux, regardant la façade de la cathédrale. Les vitraux éclairés par une faible lumière de l'intérieur effaçaient le noir diurne de l'extérieur. Il était fasciné par les couleurs.

Antoine leva à son tour les yeux vers la façade pour l'admirer en silence. L'effet de la lumière était magique. Quand il vit Walid se retourner, il lui demanda ce qu'il ressentait.

– J'aime bien ces vitraux, c'est la première fois que je m'arrête pour les voir éclairés. Cela m'apaise. Une lumière qui vient vers moi, colorée et silencieuse, accompagnée de ce vent que j'ai pu entendre et sentir sur mon visage grâce au silence. C'est beau ! Ça me plaît bien !

Walid se tut un moment avant de continuer.

– Dis-moi, ces vitraux ne sont-ils pas à l'envers ?

– En principe, les vitraux sont faits pour être regardés de l'intérieur à la lumière du jour. Mais comme il fait nuit, la faible lumière, qui jaillit de l'intérieur de la cathédrale, les éclaire.

– Pour celui qui ne rentre jamais dans l'église, il n'y a que la nuit qui lui permet de voir la beauté d'un vitrail.

Antoine se disait en lui-même que c'était pareil dans la vie. Beaucoup de gens ne découvrent la lumière de la foi qu'après avoir traversé une longue nuit. Ce temps de réflexion d'Antoine laissa à Mehdi l'occasion d'intervenir.

– Depuis notre arrivée, je suis fasciné par les vitraux. Les religions sont comme les verres d'un vitrail. La même lumière les traverse tous. Certains sont plus opaques ou plus transparents. Teintée de la couleur du verre qu'elle traverse, la lumière s'offre à chacun comme à moi. L'essentiel c'est que cette lumière puisse éclairer mon cœur et que je sache que la source de la lumière est au-delà du verre qui me la fait découvrir.

Si je ne vais pas au-delà de la religion, vers mon espace intérieur pour rencontrer Dieu, je resterai trop limité dans ma vision des choses et je ne verrai que la lumière filtrée. C'est en allant intérieurement vers Dieu que je verrai de plus en plus les choses selon sa lumière, et non seulement selon la couleur d'une religion.

Tous les trois gardèrent le silence, assis sur cette place vide devant Saint-Jean.

Mehdi était en admiration.

Texte tiré de « Entre les deux rives »

LA LOI RELIGIEUSE ET SON PRINCIPE

OBJECTIF : Identifier le levier du changement des lois religieuses et comprendre la nécessité de leurs évolutions

> *Contexte : Promenade sur un sentier boisé aux confins de l'Allier et de la Loire en juillet 2006. Trois amis, Walid, un adolescent influencé par un mentor islamiste, Mehdi, un musulman qui cherche à vivre sa foi et Antoine, un chrétien, discutent de la loi religieuse et de son principe.*

Le sentier boisé d'épicéas et de pins douglas apportait une odeur particulière de résine et d'humidité. Un flux et reflux d'ombres et de lumières se succédaient sur le sol au rythme du vent qui faisait trembler les branches. A un moment, l'air souffla et il se fit entendre un bruit couinant qui ressemblait à un cri humain. Mehdi s'arrêta alors et dit à Antoine :

– Tu as entendu ce bruit, on dirait quelqu'un qui pleure !

– Ce bruit est très fréquent dans les forêts.

— Cela me rappelle les esprits méchants, dit Walid. Quand j'étais petit on nous racontait des histoires de « djinns » qui se cachent dans les forêts. Ces esprits nous faisaient peur.

— Et maintenant ?

Walid regarda Antoine avec un sourire qui signifiait qu'il n'était plus petit et dit :

— Maintenant les choses ont beaucoup changé. Ma plus grande peur est d'aller en enfer.

— Qu'est ce qui te fait craindre ça ?

— Parce que j'ai des difficultés à respecter les prescriptions de notre religion.

— Mais, l'interpella Mehdi, ne crois-tu pas qu'il est préférable de suivre Dieu uniquement par amour et non par peur d'un châtiment en cas de transgression de la Loi de l'islam ?

— Oui, mais tu oublies un point essentiel. S'il n'y a pas la *Charia* pour nous dire le permis et le défendu, comment saurons-nous ce qu'il faut faire ? N'est-ce pas Antoine ?

— Avoir une loi est important pour les humains. Mais il faut rester vigilant et se demander toujours : au final, qui est au service de qui ?

« Qui est au service de qui ? » répétait Walid. L'homme au service de Dieu, ça il le comprenait et c'était évident. L'homme au service de la *Charia* ? Oui, ça il l'avait appris mais cela lui parut subitement moins évident. Il demanda à Antoine d'en parler davantage.

— Dire le permis et le défendu est important, expliqua Antoine. Mais jusqu'à où doit-on aller ? Cela peut devenir très vite obsessionnel : se demander, par exemple, si en avalant du dentifrice on ne rompt pas le jeûne, si en saignant des gencives, on n'est pas devenus impur par le sang ingéré, si on n'a pas respecté le nombre de génuflexions, on ne rend pas la prière invalide.

– Mais si on ne précise pas aux gens ce qu'ils peuvent faire ou ne peuvent pas faire, ils seront perdus ! rétorqua Walid.

– Le risque de formalisme pour être conforme à la loi est souvent présent. Car on peut accomplir plein de choses permises et se défendre des choses interdites sans aucun engagement du cœur. Nous pouvons faire des choses permises et être traversés par des désirs mauvais comme la vengeance, l'orgueil…, le refus de voir l'injustice. La loi peut nous dire ce qu'il faut ou ne faut pas faire. Elle récompense et punit. Mais elle ne peut pas contrôler la manière de le faire. Préciser et dire ce qu'il faut faire est une chose et le faire avec amour, miséricorde et bonté de cœur, c'en est une autre.

– Je suis d'accord avec toi, ajouta Mehdi, parce que sans l'amour et la miséricorde, l'interdit et le permis peuvent nous faire tomber dans l'hypocrisie.

Walid voulut réagir immédiatement, mais un hennissement l'attira ailleurs. Sur le chemin, quelques chevaux se trouvaient à proximité de la clôture. Ils avaient l'habitude des promeneurs. Un cheval vint vers Walid qui tendit la main et lui caressa la tête.

– C'est un beau cheval. Regarde, Antoine. Il est docile et se laisse toucher facilement. Quand j'avais cinq ans, nous étions à Dubaï, là-bas, nous allions régulièrement visiter un haras qui appartenait à la famille d'un collègue de mon père. J'ai rêvé pendant toute mon enfance d'avoir un cheval.

– Tu étais à Dubaï, toi ? demanda Mehdi

– Oui, toute ma famille y vivait.

– Moi, j'aimerais bien aller visiter un jour cette ville.

– Si tu veux y travailler, mon père a gardé des contacts là-bas. Il a déjà trouvé du travail à deux personnes. Seulement, quand on ne connaît pas bien l'arabe littéraire, il vaut mieux bien maîtriser l'anglais.

– Bon, c'est raté pour moi, à moins que je ne progresse en langues étrangères.

Walid fit une dernière caresse au cheval puis il se mit à côté de Mehdi :

– Je voudrais revenir à ce que tu m'as dit tout à l'heure, reprit-il. Il y a une phrase qui me gêne un peu.

– Laquelle ?

– Tu as dit que, sans l'amour et la miséricorde, l'interdit et le permis peuvent nous faire tomber dans l'hypocrisie. Alors explique-moi !

– Avant que mon père n'ouvre son épicerie, il a travaillé quelques mois chez un autre commerçant. Cet homme faisait tous les jours les cinq prières et quand je passais voir mon père, il me faisait la morale parce que je ne priais pas. Or, cet homme, quand c'était possible, trichait avec les gens en leur fourguant dans leurs paniers les fruits abîmés ou trop mûrs ou en se trompant exprès dans les prix ! Est-ce que tu dirais que cet homme était sincère et est-ce que tu penses que ses paroles sur la prière étaient crédibles ?

– Non !

– A ton avis, quel était donc son but quand il me parlait ?

Discerner les intentions des autres est une chose difficile. Et pourtant, quelque chose sonnait faux.

– Je n'en sais rien, répondit Walid. Peut-être se valoriser devant ses clients, chercher à t'influencer… Il peut y avoir mille autres raisons.

– Peux-tu dire que son intention était de me rendre plus cohérent avec ma foi ?

– Absolument pas. Il aurait été très mal placé, car il doit lui-même être cohérent et arrêter de voler les gens. Mais cet homme, c'est un cas particulier !

– Je l'espère infiniment mais malheureusement non ! intervint Antoine. Quelle que soit la religion, les intentions de ceux qui observent le permis et l'interdit peuvent ne pas correspondre au but de la loi religieuse. Et cet écart peut toujours cacher, derrière des actes religieux, des fins qui ne sont pas forcément celles de la religion.

– Alors comment contrôler ?

– Il faudrait absolument que la loi religieuse évolue et s'adapte pour répondre aux nouveaux contextes socio-politiques de notre monde aujourd'hui. Une loi figée est souvent une loi détournée !

– Selon quel critère une loi peut-elle évoluer et dans quel sens ?

– Dans chaque loi, il doit y avoir un principe tout de même.

– Et quel est ce principe ?

– A titre d'exemple, il y a plus de 2500 ans, les écrits d'Israël ont défini l'amour de Dieu et du prochain comme principe de la Loi, tout comme la miséricorde pour les devoirs religieux… Les chrétiens ont par la suite adopté ce même principe. Et sans l'Amour, l'interdit et le permis peuvent se mélanger à l'hypocrisie comme Mehdi te l'a dit.

Texte tiré de « Entre les deux rives »

LE TEXTE RELIGIEUX N'EST QU'UNE GOUTTE D'EAU DEVANT L'OCEAN DE CE QU'UNE RELIGION DOIT RECEVOIR

OBJECTIF : Identifier les fondamentaux du fait religieux

> *Contexte : Cédric, un jeune qui a rejoint les rangs des djihadistes et qui devait préparer un attentat renonce à cette action grâce à une rencontre qu'il a faite. Il part loin de Paris et réfléchit sur son cheminement. Zeid, son ami saoudien juge très excessifs son zèle et son engagement dans les courants salafiste et djihadiste. Il l'accueille à Saint-Raphaël mais souhaite l'aider à changer de vision.*

Zeid m'attendait à la gare.

Il m'installa dans leur villa... Ma chambre donnait sur la Méditerranée.

Sur le bureau, il avait entreposé une cartouche d'encre à côté d'un tas de feuilles imprimées. Je distinguai à la première page le mot Coran écrit en arabe.

Cela me rappela les discussions avec Zeid pendant la traversée de la Méditerranée et au restaurant à Messine.

Il revint à la charge.

– Je ne vais pas t'embêter longtemps.

Je le fixai pour comprendre où il voulait en arriver.

– J'ai imprimé le Coran et cela m'a pris exactement le quart de cette cartouche à savoir 5 ml.

« Et donc ? », répondis-je en cherchant le but de sa réflexion. Il prit le tas et lut un verset au chapitre 18 verset 109 :
« *Dis : si la mer était une encre pour écrire les paroles de mon Seigneur, la mer serait tarie avant que ne tarissent les paroles de mon Seigneur, même si nous apportions encore une quantité d'encre égale à la première.* »

J'attendis la chute.

– Alors d'après le Coran, combien de fois serait-il plus volumineux que notre Coran, le livre qui devrait avoir une petite partie de la parole de Dieu, si on se contentait en volume d'encre pour l'écrire, de l'équivalent de la hauteur d'un mètre de la méditerranée dont la superficie est de 2,5 millions km2 ? Voilà mon ami mon projet et mon problème car je cale sur les calculs.

Je restai stupéfait ! Le Coran ne serait qu'une goutte dans la mer à côté de la parole d'Allah. Visualiser cette distinction entre la parole d'Allah et le Coran me fit un choc.

– Maintenant il faut aller voir l'état des travaux sur le bateau. Et je ne t'embête plus avec mes questions idiotes sur la religion.

Saint-Raphaël me fit du bien. J'étais bien loin de ma recherche de cible pour actionner. Monté à bord, je regardais les artisans qui installaient les nouveaux salons et chambres du bateau. Tout serait bientôt prêt.

*

L'inauguration du bateau, le dimanche 29 mai, rassembla les artisans, amis et connaissances autour d'un verre, suivi d'une petite tournée en mer. Le soir venu, Zeid me proposa de nous promener sur la plage. Il avait emporté une petite fiole avec lui.

Face à la mer, il la sortit, se mit à la remplir d'eau puis il se figea quelques secondes, trempa son doigt, goûta et la vida en me disant : c'est l'équivalent en volume d'encre du Coran. Puis il alla goûter l'eau de la mer et remplir la fiole !

Il le fit une deuxième fois.

Puis une troisième fois...

Cela m'amusait et m'agaçait en même temps.

Puis une quatrième fois, mais il s'arrêta, la fiole pleine à la main.

– Tu comprends mon problème. Si le Coran que j'ai pu imprimer avec l'équivalent de cette fiole en encre, est la parole de Dieu et que pour écrire la parole de Dieu, il me faut beaucoup plus d'encre que le volume de la mer, j'aimerais savoir ce qui peut être divin et infini et qui est annoncé à la fois, dans le Coran et la parole infinie de l'Eternel.

Je ne m'attendais pas à cette réflexion.

– J'ai beau me demander si c'est le côté juridique, le côté dogmatique, le côté abrogeant et abrogé, le côté social, le côté rituel... Je n'arrive pas à voir un infini dans des lois abrogeant et abrogées. Ni dans les dogmes. Ni dans les rituels. Ni dans les organisations sociales.... Ce n'est pas possible. Et pourtant il y en a.

Je tendis l'oreille comme un gamin.

– J'ai goûté l'eau des quatre fioles et celui de la mer : même goût. Et j'ai vu qu'elles avaient la même transparence. C'est donc le même taux de sels et la même capacité à faire passer la lumière qui sont à la fois dans la fiole et dans la mer.

– Et alors ?

– La même capacité à faire passer la lumière et à donner goût, c'est ça ce qui est commun à la mer et à la fiole, et par métaphore, à la parole infinie de Dieu qui est à découvrir et à celle qui est déjà écrite.

J'écoutais et il continua à m'expliquer. Cela me rejoignait au plus profond de moi.

– Et qu'est ce qui rend la vie lumineuse et lui donne goût ? Qu'est-ce qui ouvre notre vie finie à l'infini de l'Eternel ?

Je déglutis. Séduit, mais incapable de nommer les choses.

– La seule chose que je vois c'est l'amour, le pardon, la miséricorde. Et en deçà de cette réalité spirituelle, rien ne peut être valable et digne d'une parole infinie de Dieu… Seule une lecture du Coran au regard de l'amour et de la miséricorde peut lui donner la valeur de la parole divine… Sans cette lecture, on est bien trop loin du sacré et de la vraie parole de Dieu.

Zeid m'apaisait par sa présence comme par ses paroles.

Texte tiré de « 360° sous le soleil d'Allah »

HALLAL ET LA NON-VIOLENCE A LA VIE

OBJECTIF : Identifier dans la pratique religieuse la valeur universelle qui lui donne sens (texte 1)

> *Contexte : Un restaurant aux confins du Rhône et de la Loire en juillet 2006. Trois amis, Walid, un adolescent influencé par un mentor islamiste, Mehdi, un musulman qui cherche à vivre sa foi et Antoine, un chrétien, discutent de la nourriture Halal et du respect de la vie.*

Les trois étaient attablés devant leurs assiettes dans un restaurant rustique et simple. Walid mangeait l'unique plat de poisson proposé, après avoir récité le bénédicité musulman. Antoine, une entrecôte de bœuf charolais, et Mehdi, un plat avec du canard.

– Antoine, ça ne te fait rien de manger de la viande non saignée ? demanda Walid.

– Au Liban, on mangeait toujours la viande saignée. En France au départ, je ne connaissais pas la méthode d'abattage des animaux, alors j'en ai mangé sans savoir et puis je m'y suis progressivement habitué. Et toi, à la cantine du collège, est-ce que tu manges de la viande ?

– Non, j'évite d'en manger. Je ne mange que la viande *halal* achetée dans des boucheries spécialisées comme celle où travaille Noureddine. Et toi Mehdi ?

– Moi, je mange de toutes les viandes sauf du porc. Mais je ne regarde pas s'il y a eu un abattage rituel.

– Tu manges de la viande qui n'est pas *halal* !

Cette remarque de Walid déplut à Mehdi.

– Pourquoi fais-tu cette tête ? Que signifie *halal* pour toi, Walid ?

– *halal* veut dire autorisé, permis. Le sens religieux signifie que tu demandes à Dieu la permission de tuer un animal. Et cela se fait dans des conditions spécifiques de prière et de saignement.

– Je suis d'accord avec toi sur ce sens. Mais, il faut que ce soit appliqué partout. Pas uniquement pour les animaux. On a beaucoup de scrupules pour l'abattage rituel, mais on oublie souvent cette soumission à Dieu en ce qui concerne le respect de la vie.

– Mais on la respecte, en demandant à Dieu sa permission !

– Oui, pour manger, on a beaucoup de scrupules. Mais celui qui prétend défendre les valeurs de l'islam en faisant exploser une voiture piégée ou en égorgeant les gens, respecte-t-il la vie ? Considère-t-il que Dieu est le seul maître de la vie ou prend-t-il sa place en jugeant les gens et en décidant de leur vie ? Pour moi *halal* en islam, c'est le fondement de la non-violence. Si nous respections le sens de ce rite, l'islam devrait être en premier et par excellence la religion de la non-violence partout où il trouve, avant d'être celle de la revendication de l'abattage rituel !

– Mais toi, tu me parles de *halal* et tu manges un canard dont tu ne sais pas comment il a été tué.

– Qui te dit que dans mon cœur, je n'ai pas loué Dieu de nous avoir permis de manger ce qu'il y a dans nos assiettes. La vie de ton poisson, n'est-elle pas une vie dont Dieu est aussi le maître ? Pourquoi le manges-tu sans demander à Dieu sa permission de le tuer ?

Large sourire d'ironie.

– Mehdi ! Comment veux-tu faire saigner un poisson ?

– Walid, je te parle du respect de la vie et du sens de *halal* et tu me réponds sur l'abattage rituel. Il y a un sens à partager sur le respect de la vie, un sens qui touche à la violence à l'animal, à l'humain, à la nature, au gaspillage alimentaire… Tout cela est inclus dans le sens du mot *halal*. Mais toi, tu ne vois que le rituel qui te permet de manger tranquillement. Tu as, peut-être, peur que quelqu'un te prenne en flagrant délit, et soit désobligeant par ses remarques comme tu viens de l'être avec moi… Walid le sens de *halal* est infiniment plus large que le rituel. Moi, j'adhère à ce sens et je remercie Dieu de nous avoir autorisés à manger du poisson et de tout ce qui arrive dans nos assiettes.

Walid se tut un moment, réfléchissant à l'impact de sa remarque sur Mehdi qui lui avait parlé de la peur d'être critiqué. Ce dernier l'observa en silence, puis il s'adressa à Antoine :

– Que penses-tu de tout ce qui est *halal* ?

– Au-delà du rituel, je te rejoins sur le sens. Le devoir de respecter la Vie, même celle de l'animal est en fin de compte la reconnaissance que finalement le seul maître de la vie est Dieu. Les humains ne sont pas maîtres de la Vie. Tuer un animal pour les humains n'est pas un acte anodin, ils doivent le faire uniquement par nécessité vitale. Au Liban, dans certaines régions, avant chaque abattage, les bouchers chrétiens disent cette prière : « Qu'Il soit loué Celui qui autorise à te faire saigner ! » C'est une tradition que certains chrétiens ont gardée dès les origines en conformité avec le symbolisme biblique du sang.

– C'est comme en islam ?

– Oui et non. Oui, parce que nous accordons presque le même sens au respect de la vie. Et comme le sang symbolise la vie qui appartient à Dieu, on fait saigner pour le répandre dans la nature et pour ne pas le manger. Non, parce que la prière avant l'abattage n'est pas obligatoire et n'est pas soumise à un rituel. Eviter à l'animal une souffrance, au moment de l'abattage, comme cela se fait en Occident est aussi un respect de la vie. Pourquoi infliger aux animaux cette souffrance ?

Antoine continua à expliquer.

« Abattre pour manger et abattre par obligation religieuse ne rentrent pas dans les mêmes types d'activité chez les humains même si pour l'animal, c'est toujours une souffrance subie. Les évolutions des habitudes alimentaires peuvent influencer le rapport violent à l'animal, notamment dans le cadre d'une recherche de solutions pour nourrir l'humanité dans les prochaines décennies. En revanche, l'abattage par obligation religieuse est soumis aux seules évolutions qu'une religion peut se permettre. Le Christianisme dès sa fondation a marqué une rupture par rapport au sacrifice animal.

« Les chrétiens ont suivi la nouveauté proposée par le Christ. Pendant le dernier repas où Jésus célébrait la Pâque juive, il a utilisé le pain et le vin de cette fête pour instituer un nouveau rituel que l'on appelle l'Eucharistie. Il a demandé aux Apôtres de refaire ses gestes. Il a donc fondé une nouvelle pratique religieuse sans violence faite à l'animal. »

– Pour nous, c'est clair, intervint Walid. Que ce soit pour manger, ou pour la « fête du sacrifice » qui commémore Abraham sacrifiant un animal à la place de son fils, l'abattage rituel est obligatoire partout dans le monde en égorgeant les bêtes.

Mehdi but une gorgée d'eau et raconta : « Un jour, j'étais chez un ami, et son petit frère est venu nous dire que leur voisin mongol allait tuer le mouton. On m'a invité à voir la scène. Comme mon ami y allait, je l'ai accompagné. J'ai été impressionné car on n'a pas égorgé l'agneau. On lui a incisé l'abdomen pour y glisser la main et du coup la bête sans réaction, s'était éteinte.

« J'ai demandé pourquoi on ne le saignait pas. Le voisin m'a dit que c'était leur tradition transmise de père en fils. Cette méthode ne faisait pas souffrir les agneaux. Puis il a ajouté que ce serait dangereux de faire saigner un mouton ou une chèvre car l'odeur du sang dans les steppes pourrait attirer des bêtes sauvages qui les attaqueraient et tueraient leurs animaux et parfois leurs enfants.

« Cette histoire m'a fait beaucoup réfléchir et j'ai pris conscience que *halal* dépasse la seule forme rituelle. Eliminer un danger plus grand en évitant de saigner, est aussi du respect de la vie, et c'est *halal*. Dans la vie de tous les jours, tout doit être *halal* dans le sens où je ne suis pas le maître de la vie. Pour cela, je dois demander à Dieu son autorisation et le remercier pour tout, pour le poisson de Walid, comme pour mon canard. »

Texte tiré de « Entre les deux rives »

LE VRAI DJIHAD

OBJECTIF : Identifier le sens de la pratique religieuse et sa valeur universelle (texte 2)

> *Contexte : Monument aux morts de Saint Martin d'Estréaux aux confins de la Loire et de l'Allier. Juillet 2006. La famille Salloum est au complet avec Antoine et Mehdi. Hicham voulait que ses enfants Amine, l'aîné, et Walid, le cadet, s'expriment sur la phrase inscrite au monument aux morts.*

Il était bientôt midi, ils entreprirent le voyage pour aller admirer le célèbre monument aux morts de Saint Martin d'Estréaux. Samar trouva que le fait d'avoir indiqué sur la pierre le jour de décès et incrusté les médaillons photographiques des soldats morts pour la France était une excellente idée. Le médaillon rappelle que le mort est une personne, semblable au visiteur et non un simple nom. Et la datation des décès, jour par jour, permet d'imaginer la souffrance qui s'abattait sur ce petit village qui avait à peine fini de pleurer l'un de ses enfants qu'on lui annonçait une autre mort, parfois en l'espace d'une semaine ou de quelques jours.

Hicham resta en silence devant une réflexion sur la guerre inscrite sur trois panneaux : « *Si vis pacem, para bellum (Si tu veux la paix, prépare la guerre), est une devise dangereuse. Si vis pacem, para pacem ! (Si tu veux la paix, prépare la paix !)* » Un autre panneau dresse le bilan de guerre et conclut : « *Maudite soit la guerre…* ». Hicham appela tout le monde, lut l'inscription à haute voix et demanda :

— Est-ce que vous pensez qu'il a raison ou tort, M. Monot, le maire du village qui a écrit ce texte ? A-t-il raison de maudire la guerre ? Qu'est-ce que tu en penses, Amine ?

— Il y a guerre et guerre. Le Djihad, la guerre pour la foi ou pour défendre l'islam, est une obligation sainte, répondit Amine.

Samar paniqua à cette réponse.

— Tu es prêt à t'engager auprès des Djihadistes ? réagit-elle violemment.

— Non, maman ! répondit Amine avec un grand sourire. Ceux-là utilisent les armes et la violence. Ils continuent les dérives du passé. Mais aujourd'hui, on a une autre vision du Djihad. La guerre pour la foi doit être spirituelle comme la foi. La foi est intérieure, c'est donc une guerre contre nous-mêmes pour éradiquer tout ce qui est mauvais et pour laisser développer ce qui est meilleur. La foi est sociale, c'est aussi une guerre contre tout ce que nous faisons et qui rend les gens méfiants, nos rues sales, nos rapports aux autres moins fiables, le bien commun dégradé, les écoles moins performantes… La foi est une activité de l'esprit et de l'intelligence, c'est également une guerre contre l'ignorance, contre ce qui empêche l'esprit critique, ce qui favorise le mensonge et l'orgueil, ce qui s'oppose au dialogue…

— Tu m'as fait peur en parlant de Djihad !

– Maman, Djihad, signifie « effort » pour la foi. La foi n'est pas dans les armes ni dans les projets politiques. Celui qui appelle à la guerre pour la foi en utilisant les armes ne dit pas la vérité. Il a un projet politique ou militaire qui peut être valable en lui-même, mais jamais au nom de la foi. Mais quand il utilise la foi pour recruter des jeunes et parler de son projet politique ou militaire, pour moi, il est menteur. Il exploite les frustrations des jeunes et les aliène. Il les fait rêver d'un ailleurs loin de leur quotidien. Et c'est du mensonge et dangereux. Je me rappelle une phrase écrite dans une rue à Beyrouth : « La propreté vient de la foi ». Cela signifie que tu ne peux pas dire que tu es croyant si tu ne fais pas l'effort de t'engager, là où tu es, dans ton quartier en t'empêchant, au moins, de le salir. Un immeuble propre est un signe que de vrais croyants y habitent. Et un bon prédicateur est celui qui incite les gens à faire l'effort d'améliorer la vie de leur quartier. Car celui qui n'est pas capable de montrer le bien qui est en lui dans son quartier en France, il n'y arrivera pas non plus, ni en Afghanistan, ni en Irak, ni en Tchétchénie, ni dans n'importe quel autre pays…

Mehdi écouta Amine tout content. Il reconnut dans ces paroles son désir d'améliorer la vie de son quartier.

– Et toi Walid ? dit Hicham après avoir félicité son fils aîné.

– Moi avant, je répétais certaines phrases sans réfléchir à leurs contenus ou à leurs conséquences. J'étais fasciné par la guerre. Mais maintenant je dis que toute guerre, même celle qu'on appelle sainte, est maudite. Mon vrai Djihad est dans ma victoire sur moi-même. Les événements et réflexions de ces derniers jours m'ont fait découvrir que la force de la foi est dans l'expérience de la miséricorde. Et celle-ci a changé mon regard sur ma vie. Elle m'a fait passer de la triste culpabilité à la joie d'être aimé tel que je suis.

– Tu as raison mon petit Walid, dit Samar.

– Et toi maman ? dit Rami.

– Mon Rami, une mère ne peut jamais accepter la guerre !

– Maman, Maman, dit Houda, est-ce qu'on va voir les pierres qui chantent comme Antoine nous l'a proposé ? C'est triste la guerre.

– Oui mon ange, on va y aller ».

Texte tiré de « Rives et dérives »

LE GOUVERNAIL DE LA VIE PERSONNELLE

OBJECTIF : Identifier la place de la raison et du sens critique dans la vie et les choix religieux

> *Contexte : Juillet 2015. Cédric, un jeune qui avait rejoint les rangs des djihadistes avec un autre français Radwan, a pu quitter la Syrie et a atterri à Beyrouth. Son ami saoudien, Zeid, l'a fait sortir du Liban par la mer. En chemin, le bateau s'arrête à Messine, en Sicile, et dans un restaurant, Zeid lui parle de la place de la raison dans l'univers religieux.*

Pendant le voyage en mer, le bateau fit une première escale sur l'île de Crête. J'étais content de fouler la terre de l'Europe, désir qui m'avait semblé impossible un mois auparavant. Pour le 7 juillet, jour de mon anniversaire, le bateau amarra à Messine. Zeid m'invita à dîner en ville.

Belle surprise que j'appréciai énormément.

La foule qui sortait tranquillement le soir, les rues éclairées, les restaurants bondés, le brouhaha des discussions… tout cela me fit sentir de nouveau la vie. Cela contrastait avec les soirées en Syrie, les rues vides et la population terrée chez elle.

Zeid m'avait posé beaucoup des questions pendant ce voyage. C'était trop lourd pour moi de parler de la Syrie et de la mort de Radwan. J'avais d'abord gardé le silence les premiers jours puis, en voguant entre l'île de Crête, l'Italie du sud et la Sicile, je lui avais tout raconté.

– Comment vas-tu annoncer la mort de Radwan à ses parents ? Ne me réponds pas tout de suite mais prends le temps d'y réfléchir.

Cette question me tarauda. Je décidai de ne rien dire.

Au restaurant, mon ami saoudien parlait beaucoup : il voulait que je profite de mon anniversaire pour démarrer une nouvelle vie. Il tentait de me convaincre que la voie dont parlait son frère Fahd menait, inévitablement mais sans le vouloir, à s'engager en Syrie ou dans d'autres pays de soi-disant djihad… En quittant la raison au nom d'une obéissance aveugle, on préparait déjà tous ceux qui avaient envie de s'engager dans l'action, à partir dans des pays en guerre… Pays devenus les tombeaux de nombreux jeunes souhaitant changer le cours de l'Histoire, par la violence et les armes.

« Quitter la raison pour ne voir que la volonté d'Allah dans le Coran et le *Hadith* est une voie dangereuse, me dit-il.

« Aimer et haïr ne se soumettent pas à la raison. Sinon, quelle serait donc la raison d'aimer ou de haïr ?

« Il n'y en a pas !

« Mais la raison aide à discerner dans l'amour ce qui construit et dans la haine ce qui détruit.

« Elle est la barre du voilier qui nous nous permet de naviguer et d'arriver à bon port. Animée par le vent des sentiments et des désirs profonds, notre vie ne progresse réellement que grâce au discernement.

« La raison est celle qui donne à la foi son ancrage pour nous empêcher de dériver, poussé par n'importe quel vent ou courant.

« La raison est celle qui permet de voir que s'accrocher à la parole de Dieu et à sa miséricorde, c'est comme naviguer en liberté sur les mers et les océans. S'accrocher au texte et au livre du Coran, c'est en revanche comme se contenter de rester au port.

« La raison nous aide à voir que le livre qui doit contenir la parole de Dieu nécessiterait en encre le volume des mers et des océans, alors que le Coran, le *Hadith* et la *Charia* s'impriment avec une seule cartouche d'encre. Et c'est le Coran lui-même qui le dit et qui l'affirme.

« La raison nous aurait laissé Radwan vivant aujourd'hui. Elle nous aurait fait voguer avec lui en croisière au lieu de nous obliger à rentrer clandestinement chez nous avec un deuil inavouable, avec un mensonge à inventer sur sa mort... »

Je l'écoutais mais je ne pus lui donner raison, ni échanger longuement avec lui. Je me sentais encore très fragile.

En quittant la Sicile, la mer était agitée et les vagues secouaient le bateau. Un geste trop rapide pour me retenir et m'éviter une chute, et la douleur de mon bras se réveilla, s'ajouta à cette souffrance latente d'avoir perdu Radwan. Je fus obligé d'augmenter ma dose d'antiépileptique pour ressentir du mieux.

Au bout de dix jours en mer, j'avais une folle envie d'arriver sur le sol français. Chaque fois que je regardais du côté de l'équipage, j'entendais la voix de Zeid comparer la raison et le gouvernail.

Par chance, la petite bibliothèque à bord possédait des livres sur les pays et civilisations de la Méditerranée qui m'occupèrent l'esprit les derniers jours.

Texte tiré de « 360° sous le soleil d'Allah »

DU MEME AUTEUR

Entre les deux rives, Amalthée, 2009

360° sous le soleil d'Allah, 2017

Questions de l'islam et Réponses chrétiennes, 2017

Prévention de l'islamophobie et de la fanatisation islamiste (radicalisation) textes éducatifs, 2017

Rives et dérives, en préparation.

Remarques, commentaires suggestions :
www.radix-editions.fr

Table des matières

OBJECTIF ET METHODE 7

AVANT-PROPOS 11

I- ISLAMOPHOBIE, FANATISATION ET VIOLENCE..........................15
    PEUR DE L'ISLAM ? 17
    UN REVE APRES L'ATTENTAT DE NICE 27
    SE METTRE AU-DESSUS DE DIEU ET DU PROPHETE 47
    CRITIQUE DE LA RELIGION EN OCCIDENT.................................55
    L'IMMINENCE DU CHATIMENT DIVIN..69
    LE REFLEXE TRIBAL...75
    TUER LES AUTRES ET SE TUER POUR ALLER AU PARADIS EST UN MENSONGE..81
    SORTIR DE LA HAINE 91

II-LE FAIT RELIGIEUX : NOUVELLE APPROCHE EN LIEN AVEC L'ACTUALITE 105
    FACE A L'IMMENSITE VERTIGINEUSE DU COSMOS 107
    L'ADN D'UNE RELIGION : FACTEUR DE STABILITE ET DE COHERENCE 113
    LA MEILLEURE RELIGION ? 121
    LA LOI RELIGIEUSE ET SON PRINCIPE 131
    LE TEXTE RELIGIEUX N'EST QU'UNE GOUTTE D'EAU DEVANT L'OCEAN DE CE QU'UNE RELIGION DOIT RECEVOIR...............137
    HALLAL ET LA NON-VIOLENCE A LA VIE...............................141

LE VRAI DJIHAD 147
LE GOUVERNAIL DE LA VIE PERSONNELLE 151